W0323268

Lektüre Durchblick

Daniel Kehlmann

Die Vermessung der Welt

Inhalt · Hintergrund · Interpretation

von Dietmar Schäfer

Mit Info-Klappe

mentor
Eine Klasse besser.

Willkommen bei »mentor Lektüre Durchblick«!

Sie lesen »**Die Vermessung der Welt**« von Daniel Kehlmann gerade im Deutschunterricht?
Dann finden Sie hier in knapper und verständlicher Form – oft auf besonders übersichtlichen Doppelseiten – genau die Informationen, die Sie jetzt brauchen.
Sie werden sehen: Wenn Sie sich mit diesem Hintergrund den Roman nochmals vornehmen, steht dem vollen Durchblick nichts im Wege. Denn je mehr Sie schon wissen, desto mehr entdecken Sie selbst im Text – und so macht Deutsch-Lektüre erst richtig Spaß!

Viel Erfolg

wünschen Ihnen
Dietmar Schäfer und der mentor Verlag

Der Autor:
Dietmar Schäfer M.A., Gymnasiallehrer für Deutsch und Katholische Religion an den Berufsbildenden Schulen – Gewerbliche und kaufmännische Fachrichtungen – in Meppen (Niedersachsen); Verfasser zahlreicher Unterrichtsmodelle und Lernhilfen für Deutsch

Alle Zitate nach:
Daniel Kehlmann: »Die Vermessung der Welt«, Rowohlt Verlag, Reinbek 2008 (Taschenbuch)
© 2005 by Rowohl Verlag GmbH, Reinbek bei Hamburg

Wegweiser

Inhalt

Die Thematik in Kürze

Der Roman »Die Vermessung der Welt« von Daniel Kehlmann erzählt aus dem Leben der beiden bedeutenden deutschen Wissenschaftler **Alexander von Humboldt** und **Carl Friedrich Gauß**.

Der Reiz des Romans liegt dabei in der **Gegensätzlichkeit der Hauptfiguren**: auf der einen Seite der weltgewandt und hochgebildet auftretende und vom Fernweh getriebene Humboldt aus adligem Hause und auf der anderen Seite der provinzielle und in seiner norddeutschen Heimat verwurzelte Gauß. Beide sind **Genies** und zugleich auch **»typische Deutsche«**, die auf ihre Weise in **die politische und soziale Situation der Jahrzehnte um die Wende vom 18. zum 19. Jahrhundert** eingebunden sind.

Der Roman gewährt Einblicke in Gauß' Welt der **mathematischen und physikalischen Studien** sowie in Humboldts Welt der **geografischen, geologischen und biologischen Forschungen**, die manchmal durchaus **komisch-satirisch wirken** und die vor allem in den Schilderungen von Humboldts Entdeckungsreisen durch Lateinamerika Züge eines **Abenteuerromans** annehmen. Zwangsläufig wird so die auch gerade heute hochaktuelle **Problematik des wissenschaftlichen Fortschritts** aufgeworfen.

Darüber hinaus veranschaulicht der Roman die Themen **Freundschaft, Liebe und Familie**, wobei neben dem **Generationenkonflikt** insbesondere das **Älterwerden** thematisiert wird.

Da Kehlmann erzähltechnische und sprachliche Gestaltungsmittel sehr bewusst einsetzt, erlaubt der Roman auch differenzierte **Zugänge zu epischen Strukturen**.

Die Handlung in Kürze

Während Alexander von Humboldt und sein Begleiter Aimé Bonpland in Südamerika mit Moskitos kämpfen, auf Vulkane klettern und in Höhlen kriechen, forscht der Mathematiker und Astronom Carl Friedrich Gauß in Göttingen. Im September 1828 treffen sich die im Alter ein wenig sonderlich gewordenen Genies.

Zwei außergewöhnliche Forscherleben

Zu Beginn des Romans begibt sich Gauß widerwillig auf eine Reise nach Berlin, wo er anlässlich des Naturforscherkongresses einige Zeit mit Humboldt verbringen wird. Unangenehmes ist dort zu bestehen, denn Gauß' Sohn Eugen wird wegen der Teilnahme an einem politischen Geheimtreffen verhaftet und die beiden Wissenschaftler versuchen ihn freizubekommen. Zuvor werden wir zu Zeugen wichtiger Episoden aus dem Leben der beiden Forscher: Wir sind dabei, wenn Humboldt fremde Welten auf dem südamerikanischen Kontinent entdeckt und mit Sklaverei und Kolonialisierung konfrontiert ist. Wir sind dabei, wenn Gauß seine astronomischen Berechnungen anstellt, als Landvermesser herumreist und den Magnetismus erforscht. Humboldt scheint kein Privatleben zu haben, von den beiden Ehen Gauß' und von seinen Kindern erfahren wir aber einiges. Am Ende begleiten wir Humboldt nach Russland und sehen der Zukunft Eugens entgegen, der nach Nordamerika auswandern muss.

Ein zeitloser historischer Roman

Der Roman nutzt Gauß' und Humboldts Biografien als historischen Hintergrund, auch wenn er in vielen Details bewusst nicht zuverlässig ist, und stellt dabei die zeitlosen Fragen nach den Bedingungen menschlichen Lebens. Er wirft so einen kritischen Blick auf kultur- und geistesgeschichtliche Phänomene wie den Forscher- und Fortschrittsgeist sowie auf die globalen politisch-sozialen Strukturen.

Inhalt

Die Handlung

Der Roman ist in 16 verschieden lange Kapitel aufgeteilt, die im Folgenden inhaltlich zusammengefasst werden, um Ihnen einen Überblick über die Anlage der beiden Handlungsstränge um die Hauptfiguren Humboldt und Gauß zu vermitteln.

Die erzählte Gegenwart: Gauß' Reise zu Humboldt nach Berlin

1. Kapitel *Die Reise* (S. 7–17)

Im September 1828 (S. 7) begibt sich der alte Mathematiker und Astronom Carl Friedrich Gauß gemeinsam mit seinem Sohn Eugen von seiner Heimatstadt Göttingen aus – zum ersten Mal nach 20 Jahren – auf eine Reise; er soll auf Einladung Alexander von Humboldts am Deutschen Naturforscherkongress in Berlin teilnehmen. Gauß tritt diese Reise nur äußerst unwillig an. Zunächst weigert er sich, überhaupt aufzustehen, dann zerstört er in einem Wutanfall einen Krug (vgl. S. 7). Während der unbequemen Kutschfahrt beleidigt Gauß seinen Sohn immer wieder als mittelmäßig begabt und wirft dessen Lieblingsbuch, Friedrich Jahns »Deutsche Turnkunst«, aus dem Fenster (vgl. S. 8f.). Den Umstand, dass ein Gendarm an der Grenze nach Preußen seinen Pass verlangt, den er nicht hat, nutzt Gauß, um zu wiederholen, dass er nach Hause will (vgl. S. 10–12). Schließlich trifft die Kutsche *am Spätnachmittag des nächsten Tages* (S. 13) in Berlin ein – Gauß' spontaner Kommentar: *Widerliche Stadt!* (S. 14)

Humboldt begrüßt Gauß vor seinem Haus in der Stadtmitte sehr ehrenvoll. Der Versuch Daguerres, eines der Wegbereiter der Fotografie, die Ankunft fotografisch festzuhalten, scheitert an Gauß' Ungeduld und daran, dass ein Polizist eingreift, der eine *Zusammenrottung* (S. 16) vermutet und den weltweit geschätzten Kammerherrn Humboldt nicht erkennt.

Getrennte Rückblicke: Das bisherige Leben der beiden Forscher

In den folgenden neun Kapiteln werden Humboldts und Gauß' Lebensgeschichten in ihrer Chronologie getrennt voneinander vorgestellt. Dabei wechselt von Kapitel zu Kapitel die zentrale Figur. Die Zeitspanne reicht von etwa 1780 bis 1828.

2. Kapitel *Das Meer* (S. 19–51)

Frau von Humboldt, die früh ihren Mann verliert, erkundigt sich bei Goethe, wie ihre beiden Söhne erzogen werden sollen. Daraufhin entscheidet Kunth, der Verwalter der Familie, per Los, dass der ältere Sohn Wilhelm zum *Mann der Kultur* und der jüngere Alexander zum *Mann der Wissenschaft* (S. 20) ausgebildet wird. So unterrichten 15 Experten die Brüder *auf Universitätsniveau*, und zwar: *Zwölf Stunden am Tag, jeden Tag der Woche, ohne Pause oder Ferien* (S. 20). Während Alexander, *wortkarg und schwächlich* (S. 20), früh seine naturwissenschaftliche Begabung zeigt, entwickelt sich das Sprachentalent Wilhelms, der allen *wie ein Engel* (S. 20) erscheint, obwohl er seinen Bruder mehrfach in lebensgefährliche Situationen bringt (vgl. S. 21). Als die Brüder über Kunth u. a. von einem geheimnisvollen Orinoko-Abenteuer erfahren, verkündet Alexander, später dorthin reisen zu wollen (vgl. S. 22). Ihre *Herzensbildung* (S. 23) erhalten die jungen Brüder in einem Gesprächskreis um Henriette Herz, in dem sich die Teilnehmer ausführlich ihre seelische Befindlichkeit mitteilen (vgl. S. 22f.).

Das eigentümliche Brüderverhältnis beleuchtet ein Vorfall im Winter: Wilhelm scheint seinen Bruder auf das nicht tragfähige Eis zu locken und schaut zu, als dieser einbricht. Erst als er wieder auftaucht und sich auf das Eis rettet, hilft er ihm (vgl. S. 24f.). Alexander verändert sich, er arbeitet jetzt konzentriert und kämpferisch (vgl. S. 25). Während Wilhelm Jura studiert, beginnt Alexander an der Universität in Frankfurt an der Oder ein naturwissenschaftliches Studium, er will das Leben erforschen (vgl. S. 26). Prägend ist für Alexander die Begegnung mit Georg Forster, der einst mit James Cook gesegelt ist; dessen Rat, in Freiberg Bergbau zu studieren (vgl. S. 28f.), befolgt er und macht rasch Karriere (vgl. S. 30f.). Ehepläne hegt Humboldt nicht, denn er glaubt: *Man heirate, wenn man nichts Wesentliches im Leben vorhabe.* (S. 30) In dieser Zeit unternimmt Humboldt erste Selbstversuche zur Elektrizität (vgl. S. 32) und erfindet die Grubenlampe sowie ein Beatmungsgerät (vgl. S. 34).

Der Tod der Mutter (vgl. S. 34f.) ermöglicht es Humboldt dank des Erbes, seine Anstellung zu kündigen: *Er war noch nie so glücklich* (S. 36). In Weimar offenbart er Goethe, dass er in die Neue Welt reisen werde. Dieser trägt ihm auf, die Vulkane zu erforschen (vgl. S. 36f.), und ernennt ihn zum *Botschafter* der Weimarer Bildungselite *auch überm Meer* (S. 37). Humboldt rüstet sich in Salzburg aus, macht sich über ein Jahr lang mit den Geräten vertraut (vgl. S. 37f.), reist dann nach Paris und lernt dort den jungen Arzt und Botaniker Aimé Bonpland kennen (vgl. S. 39). Beide treten – ausgestattet mit Reisedokumenten der spanischen Krone – eine Expedition nach Südamerika an. Die erste Station ist Teneriffa (vgl. S. 45–49), dann folgt Trinidad (vgl. S. 50f.).

3. Kapitel *Der Lehrer* (S. 53–68)

Gauß' Kindheit verläuft in ärmlichen Verhältnissen: Der Vater ist Gärtner, die Mutter kann weder lesen noch schreiben (vgl. S. 54). Carl Friedrich liebt sie *unsagbar* (S. 53). Der Vater bringt dem aufgeweckten Jungen das Lesen bei (vgl. S. 55). In der Schule beeindruckt der Achtjährige seinen prügelnden Lehrer Büttner mit seinem mathematischen Verständnis bei der Berechnung der Summe aus den Zahlen 1 bis 100 (vgl. S. 56f.). Daraufhin gibt Büttner Gauß ein Lehrbuch der höheren Arithmetik, das dieser bis zum nächsten Tag durcharbeitet. Ein Jahr lang studiert Gauß dann dreimal nachmittags mit dem Mathematikstudenten Martin Bartels und erhält schließlich eine *Freistelle* (S. 59) am Gymnasium, wo er sich unterfordert fühlt (vgl. S. 60). Auf Vermittlung des Göttinger Professors Zimmermann fördert der Herzog von Braunschweig *das kleine Genie* (S. 61) mit dem mathematisch-astronomischen Talent, weil er sich an seinen Patensohn Alexander von Humboldt erinnert fühlt, der inzwischen nach Südamerika aufgebrochen ist, um *Blumen zu suchen* (S. 63).

Durch glückliche Umstände nimmt der selbstbewusste Schüler Gauß, der glaubt, *in Kürze werde er so große Entdeckungen machen wie Isaac Newton* (S. 64), an einer Ballonfahrt mit dem Luftfahrtpionier Pilâtre de Rozier teil (vgl. S. 63–68). Er ist fasziniert von der Raumwahrnehmung aus der Höhe und erkennt, dass Parallelen sich berühren müssen (vgl. S. 67).

4. Kapitel *Die Höhle* (S. 69–80)

Ein halbes Jahr halten sich Humboldt und Bonpland in Neuandalusien auf. Humboldt erforscht Erdbeben, zählt die Läuse im Haar der Frauen, probiert Vogelkot (vgl. S. 69f.). Er kauft auf dem Markt drei Sklaven frei, die aber mit ihrer Freiheit nichts anzufangen wissen (vgl. S. 70). Zusammen mit zwei Mönchen und einem indianischen Führer besteigen Humboldt und Bonpland die Höhle der Nachtvögel. Im tiefen Inneren der Höhle, wo sich der Sage nach das Totenreich befindet, erscheint Humboldt seine sterbende Mutter (vgl. S. 74).

Als ihn das nackte Mädchen Inés in seinem Zimmer verführen will – ein Geschenk des Gouverneurs –, reagiert Humboldt ablehnend und Inés stellt *lachend* fest, *da tue sich ja nicht viel.* Er empfindet das Geschehen als *Hölle* (S. 76). Rasch konzentriert er sich wieder auf seine Arbeit: Er will den *Kanal zwischen den Strömen Orinoko und Amazonas* (S. 77) entdecken. Von seinen Forschungen schreibt Humboldt seinem Bruder und er wendet sich an Immanuel Kant mit der Idee einer *Karte der großen klimatischen Strömungen* (S. 78).

Am Tag vor einer Sonnenfinsternis kommt es zu einem Überfall: Ein Zambo – *halb Schwarzer, halb Indianer* (S. 78) – schlägt Bonpland mit einer Keule so heftig, dass dieser 20 Stunden bewusstlos ist. Die Sonnenfinsternis nimmt Humboldt nicht wahr, denn er ist mit den Messungen so sehr beschäftigt, dass er überhaupt nicht zum Himmel aufschaut (vgl. S. 80). Humboldt und Bonpland machen sich danach per Schiff auf den Weg nach Caracas (vgl. S. 78).

5. Kapitel *Die Zahlen* (S. 81–99)

Gauß, der inzwischen in Göttingen lebt, wo sich Bartels und Zimmermann um ihn kümmern, gelingt es – trotz heftiger Zahnschmerzen – in einer Art Rausch, die Lösung für das Problem der Konstruktion eines regelmäßigen Siebzehnecks aufzuschreiben (vgl. S. 81). Nach einem Besuch beim *Barbier*, der ihm den schmerzenden Zahn zieht, denkt Gauß an den medizinischen Fortschritt in der Zukunft, es *wunderte ihn, daß außer ihm niemand an diese Dinge dachte* (S. 82).

Gauß ist bald klar, dass er nicht die alten Sprachen, sondern Mathematik studieren will, um innerhalb von nur fünf Jahren die *Grundlegung der Arithmetik* zu verfassen, eigentlich ein *Lebenswerk* (S. 86). *Die Zahlen begleiteten ihn jetzt immer. Er vergaß sie nicht einmal, wenn er die Huren besuchte* (S. 86). Mit summa cum laude schließt er seine Promotion ab. Nebenbei erfährt er von Humboldts *Aufenthalt in Neuandalusien* (S. 87), den er *beeindruckend*, aber auch *unsinnig* findet, *als wäre die Wahrheit irgendwo und nicht hier* (S. 87). Zwar schreiten seine mathematischen Forschungen gut voran, aber als er kein Geld mehr hat und damit nicht weiter studieren kann, wird Gauß vorübergehend Landvermesser, und zwar in dem Bewusstsein, dass Humboldt *unter den Fabelwesen der Neuen Welt* (S. 89) genau wie er die Technik der Triangulation anwendet.

Gauß verliebt sich in Johanna, die mit der *dummen und ständig kichernden* [...] *Minna* (S. 90f.) befreundet ist, aber zunächst schottet er sich monatelang vom allgemeinen Leben ab, um das Grundwerk, die *Disquisitiones Arithmeticae*, fertigzustellen (vgl. S. 92):

> *Er war Anfang Zwanzig, und sein Lebenswerk war getan. Er wußte: Wie lange er auch noch da sein würde, er könnte nichts Vergleichbares mehr zustande bringen.* (S. 92)

Dann macht Gauß Johanna einen Heiratsantrag, die diesen aber ablehnt, weil sie glaubt, *daß man in seiner Nähe zur Blässe und Halbwirklichkeit eines Gespensterdaseins verurteilt sei* (S. 93). Gauß reist nach Königsberg zu dem Philosophen Immanuel Kant, um mit ihm seine Theorie zu besprechen, dass der euklidische Raum *eine Fiktion, ein schöner Traum* (S. 95) ist und dass es Parallelen gar nicht gibt. Aber er wird von dem inzwischen senil und dement gewordenen *reglosen Zwerg* (S. 95), dem in seiner eigenen Gedankenwelt gefangenen *Männchen* (S. 97), nicht verstanden und fährt unverrichteter Dinge wieder nach Braunschweig. Hier hält er zunächst in einem Brief erneut um Johannas Hand an. Aus Angst vor einer Ablehnung, aber auch aus Angst vor einem Leben in Mittelmäßigkeit und vor der Zerstörung seiner geistigen Fähigkeiten im Alter plant er einen Selbstmord mit Curare (vgl. S. 98f.). Erst spät begreift er, dass Johanna seinen Antrag in einem Antwortschreiben angenommen hat.

6. Kapitel *Der Fluß* (S. 101–142)

Humboldt und Bonpland besteigen ohne Führer den Doppelberg Silla, auf dessen Gipfel sie von einem Bienenschwarm angegriffen werden (vgl. S. 101). Nach ihrem Abschied aus Caracas geht es mit Maultieren in Richtung Orinoko, auf der Suche nach einer Kanalverbindung zum Amazonas. Sie stoßen in einem Teich auf *elektrische Aale* (S. 103) und sind noch tagelang in ihrer Gesundheit beeinträchtigt (vgl. S. 104). Dann heuern sie vier Ruderer an, und Humboldt läuft ein Schäferhund zu (vgl. S. 106). Während der Expedition treffen sie auf Krokodile, Piranhas, einen Jaguar (vgl. S. 107f.) und immer wieder auf Moskitoschwärme (vgl. S. 110, 122). Sie machen Bekanntschaft mit dem Missionspater Zea, der ihnen von der vergeblichen Arbeit der Landvermesser und Forscher Bouguer, Godin und La Condamine erzählt, Letzterer habe die Durchfahrt zwischen Orinoko und Amazonas nur erfunden (vgl. S. 113–118). Humboldt entwendet aus einer Grabhöhle mit Hunderten von Mumien, *jede in ihrem eigenen Korb aus Palmblättern* (S. 120), eine Kinder- und zwei Erwachsenenleichen (vgl. S. 120). Er entdeckt eine Affenart (vgl. S. 121) und begegnet einem Handleser, der ihm erklärt: *Da sei nichts. Keine Vergangenheit, keine Gegenwart oder Zukunft. Da sei gewissermaßen keiner zu sehen.* [...] *Niemand!* (S. 125)

Geradezu panisch reagiert Humboldt, als sich ein kleiner nackter Junge eines Nachts neben ihn in seine Hütte legt. Humboldt tritt ihn heftig mit seinen Stiefeln und *zerrte ihn hinaus* (S. 126).

Auf der Weiterfahrt auf dem Rio Negro versucht Humboldt den vier Ruderern, die sich stets Geschichten erzählen, Goethes Gedicht »Wandrers Nachtlied« zu vermitteln, was jedoch nicht ankommt, weil es *keine Geschichte über Blut, Krieg und Verwandlungen* (S. 128) ist. Dann definiert Humboldt den ersten *Endpunkt des Kanals* (S. 129). In einer Siedlung unterzieht sich Humboldt einem Selbstversuch mit Curare: *Die Substanz wolle erforscht werden, er habe es also zu riskieren.* Er verspürt lediglich *Schwindel und optische Chimären* (S. 132). Dann entdeckt Humboldt *das Ende des Kanals* (S. 135): *Jetzt erst, sagte er, existiere der Kanal wirklich.* (S. 136)

Nach einem Aufenthalt in der Mission Esmeralda (vgl. S. 136–138) kehren sie zurück zur Jesuitenstation Pater Zeas, verlieren aber bei der weiteren Rückfahrt während eines Unwetters ihr Boot mit den vier Ruderern. Allerdings können sie ihre Instrumente und Forschungsobjekte vorher abladen (vgl. S. 139). Am Ende warten Humboldt und Bonpland auf die Rückkehr des Bootes (vgl. S. 142).

7. Kapitel *Die Sterne* (S. 143–162)

Gauß wird öffentlich bekannt, weil er die Umlaufbahn des Planetoiden Ceres berechnet hat, und er macht die Erfahrung: *Einer, der für immer den Horizont der Mathematik erweitert hatte, war eine Kuriosität. Wer aber einen Stern entdeckte, ein gemachter Mann.* (S. 143)

In einem Gespräch mit dem Herzog erörtert Gauß seine Heiratspläne und erhält das Angebot, Direktor der Sternwarte in Braunschweig zu werden, die noch gebaut werden soll. Gauß, der Offerten aus Berlin und Sankt Petersburg hat, fordert einen Professorentitel und das doppelte Gehalt, das er jedoch nicht erhält. Zwei Tage vor der Hochzeit verabschiedet Gauß sich von seiner Geliebten Nina (vgl. S. 147). Während der Hochzeitsfeier äußert Gauß, *er habe nicht erwartet, daß er etwas wie Glück finden würde* (S. 148). In der Hochzeitsnacht unterbricht der deutlich irritierte Gauß den ersten gemeinsamen Geschlechtsakt mit Johanna plötzlich und geht an den Schreibtisch, weil ihm einfällt, wie man Messfehler in der Berechnung der Planetenbahnen korrigieren kann: *es war zu wichtig, er durfte es nicht vergessen* (S. 150).

Von den Napoleonischen Kriegen erfährt Gauß erst spät, er hat wieder einmal die Welt um sich vergessen. Kurz darauf wird sein Förderer, der Herzog, in der Schlacht von Jena verwundet und er stirbt (vgl. S. 153). Aber auch von der Geburt seines Sohnes Joseph bekommt Gauß nichts mit (vgl. S. 154f.). Seit er in Göttingen lebt, besucht Gauß wieder regelmäßig seine Geliebte Nina, zwar fühlt er sich verpflichtet, seine Frau Johanna nicht zu verletzen, aber nicht dazu, *ihr die Wahrheit zu sagen* (S. 155). Nach der Geburt der Tochter Wilhelmine (vgl. S. 156) ist Johanna schon bald wieder schwanger. Als Gauß von einer Reise nach Bremen zu dem Astronomen Bessel, ans Meer und schließlich zu einem Theaterbesuch nach Weimar, wo er in einer plump-beleidigenden Begegnung auf Wilhelm von Humboldt trifft (vgl. S. 156–159), zurückkehrt, erfährt er, dass Johanna einen Sohn geboren hat, dass aber beide im Sterben liegen (vgl. S. 160f.). Erschreckend pragmatisch denkt er daran, wieder zu heiraten, denn *Dienstboten waren teuer* (S. 161).

8. Kapitel *Der Berg* (S. 163–180)

In einem Abschiedsbrief, den er auf Humboldts Rat hin vor der Besteigung des Chimborazo für den Fall seines Todes schreibt, schildert Bonpland – noch immer von seinem Fieber geplagt – wichtige Ereignisse, vor allem die Strapazen des Aufstiegs *in die kalten Höhen der Kordilleren* (S. 165) und auf den Vulkan Pichincha, den sie erst im dritten Anlauf bezwingen. Dabei erwähnt Bonpland auch, dass ein Teil der gesammelten Forschungspräparate samt Aufzeichnungen während der Überfahrt nach Europa *abgesoffen sei* (S. 164).

Die Besteigung des Chimborazo erweist sich als lebensgefährlich. Trotz Nebel, Schnee, Eis, Nasen- und Zahnfleischbluten sowie Halluzinationen – Humboldt sieht ständig seinen verschwundenen Hund (vgl. S. 172, 176f.) – erreichen sie eine Höhe von 18.690 Fuß, ein Rekord, aber sie sind noch nicht am Gipfel, dennoch steigen sie ab. Am Abend schreibt Humboldt in seinen Briefen nach Europa, *daß von allen Sterblichen er am höchsten gelangt sei* (S. 180).

9. Kapitel *Der Garten* (S. 181–194)

Gauß gelangt während einer Landvermessung auf das Gut des Grafen von der Ohe zur Ohe. Gauß wird für die Nacht *ein fürchterliches Loch* (S. 183) zugewiesen, *ein quälender Traum* (S. 184) plagt ihn. Am nächsten Morgen verhandelt er mit dem Grafen, der ihn genau zu kennen scheint, in einem Garten mit auf *Palmenstämmen wachsenden Orchideen* (S. 188) um einen Schuppen und drei Bäume, die der Vermessung im Wege sind. Schließlich erlaubt der Graf ihm deren Beseitigung ohne Zahlung einer Entschädigung (vgl. S. 189).

Gauß denkt über seine Arbeit nach, bei der ihm sein *begriffsstutziger* Sohn Eugen assistiert, und erinnert sich angesichts eines Mückenstichs an *Humboldts Bericht über die Moskitos am Orinoko* (S. 192). Dann denkt er an seine zweite Frau Minna, die Freundin Johannas, die er wegen der Kinder geheiratet hat: *Das Problem war nicht, daß er sie nicht liebte. Das Problem war, daß er sie nicht ausstehen konnte.* Er wünscht sich, *er wäre tot* (S. 193).

10. Kapitel *Die Hauptstadt* (S. 195–214)

Nach einer abenteuerlichen Schiffsfahrt kommen Humboldt und Bonpland in Neuspanien an, sie führen die kartografische Erfassung des amerikanischen Kontinents fort. Sie werden von dem Reporter Gomez begleitet, später schließen sich ihnen zwei weitere Journalisten an, der Franzose Duprés und der Amerikaner Wilson. In der Hauptstadt (Mexico City) nimmt Humboldt am gesellschaftlichen Leben teil und studiert die Kultur der Azteken. Mit der Besteigung des Vulkans Jorullo widerlegt Humboldt den Neptunismus[1]. Viele Schaulustige begleiten ihn, sodass die Forschungen zu kommerzialisierten Ereignissen werden (vgl. S. 206). Die Reisegruppe um Humboldt erhält in Havanna eine Passage nach Philadelphia (vgl. S. 209), wo sie samt *vierzehn Kisten mit Gesteins- und Pflanzenproben* sowie 24 Käfigen *mit Affen und Vögeln* und *Glasschatullen mit Insekten und Spinnentieren* (S. 210) anlanden. In Washington folgen Humboldt und Bonpland der Einladung des Präsidenten der USA, Thomas Jefferson, der den Forscher über Transportwege, Verwaltung, Armeen und Garnisonen in Mittelamerika ausfragt (vgl. S. 213f.), unbekümmert gibt Humboldt Auskunft. Auch spricht er vom *Alpdruck der Sklaverei* (S. 212), ohne zu beachten, dass Jefferson selbst eine Farm mit *allem, was dazugehöre* (S. 213), unterhält. Humboldt will nach Hause und er meint damit Paris und nicht etwa Berlin, *diese greuliche Stadt* (S. 214).

1 Unter Neptunismus versteht man die inzwischen als falsch erkannte Theorie, nach der alle Gesteine aus dem Wasser entstanden sind.

September 1828: Gauß und Humboldt in Berlin – die Fortsetzung

Der Erzähler knüpft an das erste Kapitel an und schildert nun die Geschehnisse während des weiteren Aufenthaltes von Gauß bei Humboldt in Berlin im September 1828. Dabei rückt zunehmend Gauß' Sohn Eugen in den Vordergrund.

11. Kapitel *Der Sohn* (S. 215–225)

Es ist *früher Nachmittag* (S. 215): Gauß, der 16 Stunden geschlafen, und Humboldt, der einige Aufgaben erledigt hat, sowie Eugen frühstücken gemeinsam. Humboldt erzählt von seinen Pariser Jahren nach der Rückkehr von der Expedition, insbesondere von der Missachtung Napoleons und von seinen derzeitigen Aufgaben als Kammerherr am Hofe Friedrich Wilhelms (vgl. S. 216f., S. 220f.). Und Humboldt schildert die geistig-politische Situation: *Die Restauration liege wie Mehltau auf Europa* (S. 218). Gauß äußert resigniert, dass es eigentlich keinen Erkenntnisfortschritt der Menschheit gebe, was Humboldt nicht akzeptieren will (vgl. S. 219f.). Einig sind sich die beiden aber in der Ablehnung von Literatur und Theater (vgl. S. 221f.), weil diese sich nicht mit der Realität befassen würden. Als Gauß mit Hinweis darauf, dass sein Sohn Gedichte verfasse, feststellt: *Ein mieser Wissenschaftler sei er, aber als Literat noch übler* (S. 222), kommt es zu einem Streit mit Eugen, der schließlich flieht.

Dann gibt Gauß dem verwirrten Humboldt noch eine harsche Belehrung zum Magnetismus. Dieser erzählt beiläufig, dass Bonpland in Paraguay unter Hausarrest stehe (vgl. S. 225).

12. Kapitel *Der Vater* (S. 227–234)

Eugen irrt durch Berlin und wird von zwei nationalistisch gesinnten Studenten zu einem geheimen Treffen geführt, auf dem ein Anhänger des Turnvaters Jahn, ein bärtiger Herr Kösselrieder aus Schlesien (vgl. S. 234), seine Reden schwingt: *Was das Volk bedränge, sei nicht Feindeskraft, sondern eigene Schwäche* (S. 231). Eugen bestätigt wie die anderen die umstürzlerischen Parolen mit lauten Hurra-Schreien. Als die Versammlung von Gendarmen aufgelöst wird und alle verhaftet werden, beginnt Eugen wie viele andere zu weinen, nachdem er kurz überlegte, mit den Polizisten zu kämpfen, sich aber sofort seine Feigheit eingestehen musste (vgl. S. 233f.).

13. Kapitel *Der Äther* (S. 235–250)

Humboldt spricht in der Singakademie vor einem illustren Publikum *von Sternen und Strömen* (S. 235) und erklärt, dass *die Vermessung der Welt fast abgeschlossen* sei und die *Wissenschaft* […] *ein Zeitalter der Wohlfahrt herbeiführen* werde (S. 238). Nach dem Vortrag wird Gauß vielen Honoratioren vorgestellt, so auch Wilhelm von Humboldt und dem jungen Physiker Weber. Endlich begibt er sich zu Fuß auf den irritierenden Heimweg (vgl. S. 245f.). Während eines nächtlichen Gesprächs über die Wissenschaft erfahren Humboldt und Gauß, dass Eugen verhaftet wurde. Auf Humboldts Betreiben hin wollen sie noch in der Nacht seine Freilassung erwirken.

14. Kapitel *Die Geister* (S. 251–262)

Humboldt und Gauß spüren den Gendarmeriekommandanten Vogt bei einer spiritistischen Sitzung auf, an der sie teilnehmen müssen (vgl. S. 253–256). Als Gauß mit heftigen Beschimpfungen wie *Dreckfresser* und *Scheißzwerg* (S. 258) auf Vogts Verlangen nach Bestechungsgeldern reagiert und seine Duellforderung ablehnt, ist der Befreiungsversuch gescheitert. Vielleicht kann man aber für Eugen noch *eine Verbannung arrangieren* (S. 260). Auf dem Heimweg bilanzieren beide Forscher ihr Leben und entdecken neue Aufgaben: Humboldt will der Einladung zu einer Russland-Expedition folgen, Gauß wird sich eventuell der Experimentalphysik widmen.

Die nächste Zukunft bis 1829

Im 15. Kapitel führt der Erzähler Humboldt und Gauß trotz ihrer räumlichen Trennung zusammen und hebt so ihre Unterschiedlichkeit und Distanz zugunsten einer inneren Nähe auf.

15. Kapitel *Die Steppe* (S. 263–293)

Nach dem Tod seiner Schwägerin spricht Humboldt mit seinem Bruder Wilhelm über das Alleinsein. Es wird klar, er musste sich wegen seiner Neigung zu *Knaben* zeitlebens *entsetzliche Gewalt antun* (S. 264). Die Reise Humboldts nach Russland, die er mit Billigung des preußischen Königs Friedrich Wilhelm, der ihn zum Wirklichen Geheimen Rat ernannt hat, und gemeinsam mit dem Zoologen Ehrenberg und dem Mineralogen Rose unternimmt, entspricht nicht seinen Vorstellungen, denn die Route bis zum Ural und zur Mongolei ist streng festgelegt. Sie werden von einem Tross von Wissenschaftlern und Soldaten begleitet, haben zahlreiche gesellschaftliche Verpflichtungen, sodass eigenes Forschen z. B. zum Magnetismus unmöglich ist. Währenddessen untersucht Gauß in Göttingen mit Weber den Erdmagnetismus.

Humboldt und Gauß entwickeln jetzt im Alter mehr Verständnis füreinander. Sie sind sich in Gedanken häufig nahe und schreiben einander. Manchmal tun sie sich wechselseitig leid (vgl. S. 274, 276).

Die weitere Zukunft: Der Ausblick

16. Kapitel *Der Baum* (S. 295 – 302)

Eugen wurde nach seiner Verhaftung in Berlin ausgewiesen. Es kam noch zu einer versöhnlichen Begegnung mit seinem Vater (vgl. S. 296). Er reist nun über England und Teneriffa nach Amerika …

Hintergrund

Vom Überblick zum Durchblick

Nachdem Sie nun mit dem Inhalt des Romans vertraut sind, sollten Sie die Gelegenheit ergreifen, sich mit einigen der interessanten Aspekte zu beschäftigen, die Kehlmann Ihnen mit seiner Aufbereitung der Lebensgeschichten von Humboldt und Gauß anbietet.

Im folgenden Teil »**Hintergrund**« geben wir Ihnen – in übersichtlicher Form – eine Reihe von Informationen zum Entschlüsseln des Romans. Sie bekommen Antworten auf Fragen, die Ihnen gewiss auch im Unterricht begegnen:

- Wer ist Daniel Kehlmann? Was prägt ihn und wie arbeitet er?
- Was hat Kehlmann bisher noch geschrieben? Was sind seine zentralen Themen?
- Wie ist der Roman aufgebaut?
- Wer waren überhaupt Gauß und Humboldt?
- Wie historisch ist der Roman? Wie aktuell ist er? Also: Welcher literarischen Form ist der Roman zuzurechnen?
- Wie lässt sich die Sprache Kehlmanns kennzeichnen?
- Wie reagieren Leser und Kritik auf den Roman?

Von der Textanalyse zur Textproduktion

Der Teil »**Interpretation**« umfasst eine **Textanalyse** zu erzähltechnischen Fragestellungen und zur Figurenkonstellation, um dann Kehlmanns gebrochenen Realismus sowie die Komik und Ironie des Romans zu behandeln. Dann werden die Forschungs- und Zivilisationsproblematik sowie die Darstellung des Alterns beleuchtet.

»**Aufgaben mit Lösungstipps**« und »**Lesetipps**« runden diese Auslegung ab und regen Sie an, sich – auch zur Vorbereitung auf Klausuren – eigenständig mit Teilaspekten des Romans zu befassen.

Der Autor

Daniel Kehlmann
*** 13. Januar 1975 in München**

Daniel Kehlmann entstammt einer künstlerischen Familie. Er ist der Sohn der Schauspielerin und Malerin Dagmar Mettler sowie des Fernseh- und Theaterregisseurs und Schauspielers Michael Kehlmann (1927–2005). Der Vater gehörte zum Kreis des österreichischen NS-Widerstands, wurde verhaftet und ins Lager Maria Lanzendorf, ein Nebenlager des KZs Mauthausen, gebracht, aber kurz vor Kriegsende mithilfe von Bestechungsgeldern freigekauft.

1981 zieht die Familie mit dem jungen Daniel von München nach Wien, wo er das am Stadtrand gelegene Kollegium Kalksburg, eine Jesuitenschule, besucht – er sagt, er habe *in Mathematik ganz gute, aber keine sehr guten Noten*[1] gehabt, überhaupt sei er nicht gern zur Schule gegangen, Deutsch und Philosophie seien jedoch seine Lieblingsfächer gewesen[2]. So studiert er in Wien auch Philosophie und Germanistik, seine Abschlussarbeit befasst sich mit Schillers

1 Nüchtern, Klaus / Taschwer, Klaus: »Ich kann nicht rechnen«, Interview mit Daniel Kehlmann, in: Falter, Stadtzeitung Wien, 21.09.2005.
2 Kehlmann, Daniel / Kleinschmidt, Sebastian: Requiem für einen Hund. Berlin 2008, S. 109f.

Theorie der Entfremdung. 1997 erscheint sein erster Roman »Beerholms Vorstellung«. Kehlmann beginnt eine Doktorarbeit über das Erhabene bei Immanuel Kant, die er jedoch nicht abschließt.

Im Hause seiner Eltern gehen Künstler ein und aus. Auf die Frage des Schauspielers und Dramatikers Fritz Eckhardt, welchen Beruf er ergreifen möchte, antwortet der 16-jährige Daniel Kehlmann: *Ich möchte gerne schreiben*, worauf Eckhardt erwidert: *Sehr gute Idee! Man verdient viel und hat keinen Vorgesetzten*. Dies kommentiert Kehlmann, der sich für bildnerisch und musikalisch unbegabt hält, dann später so: *Das ist eigentlich vollkommen richtig.*[1] So lebt Kehlmann, der deutscher und österreichischer Staatsbürger ist, als freier Schriftsteller in Wien und unterhält einen Zweitwohnsitz in Berlin-Kreuzberg.

Der Schriftsteller Helmut Krausser bezeichnet seinen Freund Daniel Kehlmann als höchst belesen, bestechend intelligent und traditionsbewusst.[2] Der Lektor Thorsten Ahrend rühmt, dass Kehlmann die amerikanischen Autoren umfassend und detailliert studiert habe, er wisse *enzyklopädisch Bescheid*.[3] Darüber hinaus hat Kehlmann auch die deutschen Klassiker, also Lessing, Klopstock, Goethe, Schiller, Kleist, Jean Paul und die großen russischen Erzähler wie Tolstoi, Dostojewski und Turgenjew gelesen. Aber als Computer-Freak ist er von »Tomb Raider« fasziniert und hat »Lara Croft« bis zum letzten Level gespielt, außerdem sieht er gerne und viel fern: »Die Simpsons« bezeichnet er als *ein Meisterwerk zeitgenössischer Satire*[4], er schaut »South Park«, »Die Sopranos« und »Ali G in da house«.

1 Nüchtern, Klaus / Taschwer, Klaus: »Ich kann nicht rechnen«, Interview mit Daniel Kehlmann, in: Falter, Stadtzeitung Wien, 21.09.2005.
2 Krausser, Helmut: Ich und Kehlmann. Und »Mahlers Zeit«, in: Arnold (s. S. 63), S. 55.
3 Ahrend, Thorsten: No more dogs. Erfahrungen mit Daniel Kehlmann, in: Arnold (s. S. 63), S. 69.
4 Matussek, Matthias u. a.: »Mein Thema ist das Chaos« (Kehlmann-Interview), in: Nickel (s. S. 63), S. 45.

Hintergrund

Kehlmann schreibt jeden Tag eine Seite und er weiß: *Das Geschäft des Romanschreibens, mit höchstem Anspruch betrieben, gehört zu den härtesten aller Arbeiten.*[1] Aber er erklärt, warum er schreibt:

> *Zum Schreiben kommt man durch das Lesen: die einzige Sache, die wohl alle Schreibenden gemeinsam haben: Sie waren einmal lesende Kinder, Zehnjährige, denen Bücher wichtiger und wirklicher waren als alles andere. Eingefangen also von Kara Ben Nemsi, von den fünf Freunden, von Kapitän Nemo* [...], *kam ich früh zu den bedruckten Seiten und nie wieder von ihnen weg; schon damals kam mir ein Leben ohne sie unvorstellbar vor und ein Beruf, bei dem es um anderes ging als um Papier, auf dem Geschichten erzählt wurden, wie unvorstellbare Zeitverschwendung.*[2]

Auszeichnungen und Preise (Auswahl)

1998 Förderpreis des Kulturkreises beim Bundesverband der Deutschen Industrie

2000 Stipendium des Literarischen Colloquiums in Berlin

2003 Förderpreis des Österreichischen Bundeskanzleramtes

2005 Candide Preis des Literarischen Vereins Minden; Finalist für den Deutschen Buchpreis

2006 Literaturpreis der Konrad-Adenauer-Stiftung; Heimito-von-Doderer-Preis; Kleist-Preis

2007 WELT-Literaturpreis; Grand Prix du Livre des dirigeants

2008 Thomas-Mann-Preis (Lübeck)

1 Kehlmann, Daniel: Ironie und Strenge, in: Ders.: Wo ist Carlos Montúfar? Über Bücher. Reinbek bei Hamburg 2005, S. 142.
2 Kehlmann, Daniel: Mein Werdegang, in: Frankfurter Allgemeine Zeitung, 12.11.2005.

Das Gesamtwerk

In seinem Werk thematisiert Daniel Kehlmann immer wieder das Verhältnis von Wirklichkeit und Fiktion. Dabei zeigt er die Grenzen der Realität bzw. deren Wahrnehmbarkeit und damit auch das Problem von Wahrheit auf. Kehlmann spielt mit dem, was ist und was möglich ist. Er spielt mit Traum, Fantasie und Zufall: *Erzählen, das bedeutet einen Bogen spannen, wo zunächst keiner ist, den Entwicklungen Struktur und Folgerichtigkeit gerade dort verleihen, wo die Wirklichkeit nichts davon bietet.*[1] Es geht um Fragen nach dem Da-Sein und dem So-Sein des Menschen. Mit einer Grundhaltung, die die Distanz von Komik, Humor und Täuschung nutzt, erzählt Kehlmann davon, dass seinen Figuren – oft Gaukler, Besessene, Grenzgänger –, die Selbsterkenntnis fragwürdig geworden ist.

1997 **Beerholms Vorstellung. Roman**

Arthur Beerholm schreibt aus der Erinnerung heraus einer geheimnisvollen Frau sein Leben auf. Er tut das von der Dachterrasse eines Fernsehturmes, von dem er sich zu Tode stürzen will. Wir erfahren u. a. vom Tod seiner Adoptivmutter Ella durch einen Blitzschlag, von seinem Theologiestudium und von seinem Erfolg als Magier, dem Wahrheit und Illusion verschwimmen …

1998 **Unter der Sonne. Erzählungen**

Acht Geschichten erzählen von Menschen, die von der Sehnsucht nach einem Ereignis geprägt sind, das die Routine ihres Alltags durchbricht und ihr Leben verändert. In »Bankraub« verfügt der kleine Angestellte Markus Mehring plötzlich über ein großes Vermögen …

1 Kehlmann, Daniel: Wo ist Carlos Montúfar?, in: Nickel (s. S. 63), S. 15.

1999 **Mahlers Zeit. Roman**

Der Physiker David Mahler erkennt nach jahrelangem Forschen im Traum die Grundlage für die Formeln, mit denen er u. a. die Unausweichlichkeit des Alterns und Sterbens aufheben kann. Um der Welt seine Entdeckung bekannt zu machen, sucht er die Nähe des Nobelpreisträgers Valentinov, doch seltsame Zufälle lassen die Begegnung immer wieder scheitern …

2001 **Der fernste Ort. Novelle**

Der Versicherungsangestellte Julian ertrinkt bei einem Schwimmunfall, in seinen letzten bewussten Momenten erinnert er sich an sein bisheriges Leben, in dem alle Versuche, die eigene Mittelmäßigkeit zu überwinden, gescheitert sind: Eine Uni-Karriere misslingt ebenso wie das private Glück. Der Unfall scheint die Chance zu einem Neuanfang: Wirklichkeit und Vorstellung?

2003 **Ich und Kaminski. Roman**

Der Kunstkritiker Sebastian Zöllner glaubt, sich mit dem Verfassen der Biografie des vermeintlich blinden Malers Manuel Kaminski, der dem Tode nahe ist, einen Namen machen zu können, muss jedoch auf einer Autofahrt zu der ehemaligen Geliebten Kaminskis, der seine Lebensgeschichte längst einem anderen erzählt hat, erkennen, wie unbedeutend er selbst ist. Der Roman bietet ein Spiel um Lebenslügen und Wahrhaftigkeit in Form einer Satire auf den Kunstbetrieb.

2005 **Die Vermessung der Welt. Roman**

Am 26.09.2008 wird die Bühnenfassung von Dirk Engler uraufgeführt. Das Hörbuch gibt es seit 2005.

2005 **Wo ist Carlos Montúfar? Über Bücher**

Die 19 Essays befassen sich mit dem Schreiben und Lesen, viele sind dem Werk berühmter Autoren gewidmet. Im Titeltext schildert Kehlmann die Arbeit an seinem Bestseller »Die Vermessung der Welt«.

seit 2005 zahlreiche Aufsätze, Kritiken und Essays in Zeitungen und Zeitschriften

2007 **Diese sehr ernsten Scherze. Poetikvorlesungen**

Der Text bietet die im November 2006 an der Göttinger Universität gehaltenen Vorlesungen, in denen Kehlmann in einem Frage-und-Antwort-Spiel von seinem Literaturverständnis und seiner schriftstellerischen Tätigkeit spricht.

2008 **Requiem für einen Hund. Ein Gespräch. Zusammen mit Sebastian Kleinschmidt**

Es geht in diesen philosophischen Dialogen um Tiere, Götter und Genies, um Humor und das Verhältnis von Fiktion und Geschichte und vor allem um die Arbeit des Schriftstellers, auch um seinen Ruhm und Tod.

2009 **Ruhm. Ein Roman in neun Geschichten**

In neun Episoden entwickelt sich ein mal komisches, mal bedrückendes Verwirrspiel zwischen Wirklichkeit und Fiktion: Ein Mann kauft ein Mobiltelefon, erhält Anrufe, die einem anderen gelten, und spielt dann mit der Identität des Fremden. Während die Figur einer älteren Frau wegen ihres bevorstehenden Todes mit ihrem Autor ins Gericht geht, hofft ein irritierter Blogger darauf, als Romanfigur bekannt zu werden …

Der Aufbau des Textes

Die Zeitstruktur des Romans ist auffällig: In die Schilderung der Berliner Begegnung zwischen Gauß und Humboldt im September 1828 werden abwechselnd die Lebensgeschichten der beiden Forscher eingewoben. Diese chronologisch angeordneten Rückblenden in starker Zeitraffung, allerdings auch mit zeitdeckenden und zeitdehnenden Passagen (vgl. Dialog- und Gedankenwiedergabe, s. unten S. 41ff.), machen den Hauptteil des Romans aus, wobei zwei Drittel des Umfangs Humboldt gewidmet sind. Die beiden letzten Kapitel geben einen Ausblick auf die nähere Zukunft der beiden Forscher und auf die nächste Generation, für die Eugen Gauß steht.

	Erzählte Zeit Erzählzeit (in Seiten)	Orte der Handlung	Kapitel mit den zentralen Figuren			
			Bonpland	**Humboldt**	**Gauß**	Eugen
erzählte Gegenwart I	2 Tage im September 1828 S. 7–17	Göttingen, Berlin			1 *Die Reise*	
erzählte Vergangenheit (Vorgeschichte)*	ca. 1775 bis 1799 S. 19–51	Berlin, Frankfurt/Oder, Göttingen, Freiberg, Berlin, Weimar, Salzburg, Paris, Madrid, Teneriffa		2 *Das Meer*		
	ca. 1780 bis ca. 1788 S. 53–68	Braunschweig			3 *Der Lehrer*	
	1799 S. 69–80	Südamerika: Neuandalusien		4 *Die Höhle*		
	1796, 1799, 1801 S. 81–99	Göttingen, Braunschweig, Königsberg			5 *Die Zahlen*	
	1799 bis 1800	Südamerika: vor allem Caracas		6		

	1801 bis 1809 S. 143–162	Braunschweig, Göttingen, Bremen, Weimar, am Meer			*Die Sterne*	
	1802 S. 163–180	(Mittel- und Äquatorialamerika) Chimborazo	**8** *Der Berg*			
	1821 bis 1825 S. 181–194	Norddeutschland: Gut des Grafen von der Ohe zur Ohe			**9** *Der Garten*	
	1803 bis 1804 S. 195–214	Neuspanien, Havanna, Delaware-Fluss, Philadelphia, Washington	**10** *Die Hauptstadt*			
erzählte Gegenwart II	nächster Nachmittag im September 1828 S. 215–225	Berlin		**11** *Der Sohn*		
	an diesem Nachmittag bzw. Abend S. 227–234	Berlin				**12** *Der Vater*
	gleichzeitig S. 235–250	Berlin		**13** *Der Äther*		
	noch in dieser Nacht S. 251–262	Berlin		**14** *Die Geister*		
erzählte Zukunft I	1828, vor allem 1829 S. 263–293	Berlin; Russland-Expedition bis zum Ural, durch Taiga und Mongolei zurück nach Moskau; Göttingen		**15** *Die Steppe*		
erzählte Zukunft II	1828 und Ausblick S. 295–302	Berlin, London, Teneriffa, offene See			**16** *Der Baum*	

© mentor

Der historische Hintergrund

Die Französische Revolution, der globale Kolonialismus, die napoleonischen Befreiungskriege, die Demokratiebewegung im feudalen Deutschland und der Forscherdrang – so lässt sich der politisch-gesellschaftliche Rahmen beschreiben, in dem Alexander von Humboldt und Carl Friedrich Gauß leben. Kehlmann verfasst keine historisch zuverlässige Doppelbiografie. Um aber die Abweichungen in der Romanhandlung entdecken zu können, muss man sich die Lebensläufe der beiden Gelehrten genauer anschauen.

Biografische Daten zu Alexander von Humboldt

1769 Geburt am 14.09. in Berlin als zweiter Sohn des Majors Alexander Georg von Humboldt und Marie Elisabeth von Humboldt, geb. Colomb, verwitwete von Holwede; Kindheit auf Gut Tegel, Privatunterricht

1779 Tod des 59-jährigen Vaters am 06.01.

1787–1791 Naturwissenschaftliches Studium an den Universitäten in Frankfurt/Oder und Göttingen

1790 von März bis Juli Reise mit Georg Forster (ehemaliger Begleiter James Cooks) nach England und Frankreich

1791–1796 Studium an der Bergakademie Freiberg und rascher Aufstieg vom Assessor bis zum Oberbergrat im Dienste des preußischen Bergbauamtes

1794 vom 14. bis zum 19.12. erster Besuch bei Goethe, vor allem 1797 Vertiefung der Beziehung

1796 Tod der 55-jährigen Mutter am 19.11., aufgrund der finanziellen Eigenständigkeit durch das Erbe Ausscheiden aus dem preußischen Staatsdienst

1796–1799	Vorbereitung der Amerika-Expedition als wissenschaftlicher Forschungsreisender
1798	von April bis Oktober Aufenthalt in Paris, Bekanntschaft mit Aimé Bonpland; zum Jahresende Abreise nach Spanien
1799–1804	Amerika-Expedition mit vielen Stationen, u. a.: **1799**: Teneriffa, Besteigung des Pico de Teyde am 21.06.; **1800**: Venezuela, vom 30.03. bis zum 09.05. auf dem Apure und über den Orinoko bis zum Rio Negro; **1801**: Kuba, Ecuador; **1802**: Ecuador, Besteigung der Vulkane Pichincha und Chimborazo, Peru; **1803**: Mexiko; **1804**: Nordamerika, Treffen mit Thomas Jefferson in Philadelphia; am 03.08. Rückkehr über Bordeaux nach Paris
1805–1827	Auswertung der gesammelten Daten und wissenschaftliche Veröffentlichung (35 Bände); bevorzugter Wohnort: Paris
1826	Aufenthalt in Göttingen; am 27.09. Treffen mit Gauß
1827–1859	Rückkehr nach Berlin; wissenschaftliche Tätigkeit als königlich-preußischer Kammerherr; ab 1840 Mitglied des preußischen Staatsrates
1828	Versammlung der deutschen Naturforscher und Ärzte in Berlin; Begegnungen mit Gauß
1829	Forschungsreise nach Russland und Sibirien
1837	Besuch bei Gauß in Göttingen
1859	am 06.05. Tod und am 11.05. Beisetzung im Familiengrab im Park von Tegel

Biografische Daten zu Carl Friedrich Gauß

1777	Geburt am 30.04. in Braunschweig als einziger Sohn des in wechselnden Berufen tätigen Gebhard Dietrich Gauß (1744–1808) und seiner zweiten Frau, der Magd Dorothea Benze (1743–1840)
1784–1795	Schulzeit: Besuch von Volksschule, Gymnasium und Collegium Carolinum in Braunschweig zur Vorbereitung auf ein Studium; Beginn der finanziellen Unterstützung durch Herzog Carl Wilhelm Ferdinand; u. a. Entdeckung der Regelmäßigkeiten bei Primzahlen
1795–1798	Mathematik-Studium in Göttingen; 1796: Entdeckung des regelmäßigen 17-Ecks
1799	Promotion an der Universität zu Helmstedt
1801	Veröffentlichung der »Disquisitiones Arithmeticae«; seit dieser Zeit astronomische Berechnungen
ab 1803	Tätigkeit als Landvermesser in den Jahren 1803 bis 1805 und 1821 bis 1825
1805	Hochzeit mit Johanna Osthoff am 09.10.
1806	Geburt des Sohnes Joseph am 21.08.
1807–1855	Tätigkeit als Professor der Astronomie und Direktor der Sternwarte in Göttingen
1808	Geburt der Tochter Wilhelmine am 29.02.
1809	Geburt des Sohnes Ludwig (Louis) am 10.09.; Tod der Ehefrau Johanna an den Folgen der Geburt am 11.10.
1810	Tod Ludwigs nach 8-stündigen Krämpfen am 01.03.; zweite Hochzeit mit Minna Waldeck am 04.08.
1811	Geburt des Sohnes Eugen am 29.09.

1813	Geburt des Sohnes Wilhelm am 23.10.
1816	Geburt der Tochter Therese am 09.06.
1821–1825	Durchführung der Vermessung des Königreiches Hannover (Weiterentwicklung der Triangulationsmethode) u. a. unter Assistenz des Sohnes Joseph, der von 1828 bis 1844 die Vermessungsarbeit vor Ort fortsetzt
1826	Treffen mit Humboldt in Göttingen am 27.09.
1828	Siebte Versammlung der deutschen und skandinavischen Naturforscher und Ärzte vom 18. bis 26.09. in Berlin; fast 3-wöchiger Aufenthalt in Humboldts Haus
1830	Verstoßen des Sohnes Eugen aufgrund seines Fehlverhaltens als Student (Trinkgelage, Spielschulden u. a.); am 29.09. Eugens Auswanderung nach Nordamerika
1831	Tod Minnas nach 8-jähriger Krankheit am 12.09.
1833	Anfang Juni Entdeckung der elektromagnetischen Telegrafie, zusammen mit Wilhelm Weber; erster übertragener Satz: »Wissen vor Meinen, Sein vor Scheinen«
1837	Begegnung mit Humboldt im September auf der Hundertjahrfeier der Universität Göttingen; Sohn Wilhelms Auswanderung nach Amerika im Juni
1839	Druck der »Allgemeinen Theorie des Erdmagnetismus«
1840	Tod der 32-jährigen Tochter Wilhelmine am 12.06.
1855	am 23.02. Tod wegen Herzerweiterung und Brustwassersucht, zuvor Aussöhnung mit Eugen, der wie Wilhelm in Amerika zu Wohlstand und Ansehen gelangt

Die literarische Form

> »Die Vermessung der Welt« lässt sich zwar mit verschiedenen Traditions- und Entwicklungslinien der Epik verbinden, widersetzt sich aber in ihrer Vielschichtigkeit einer eindeutigen Zuordnung.

Der Kombination konträrer Lebensgeschichten begegnet man schon in der Antike, so in den 23 **Doppelbiografien** des griechischen Geschichtsschreibers Plutarch († um 125 n. Chr.). Aber Kehlmann bietet weder vollständige Lebensbeschreibungen noch erhebt er Anspruch auf historische Zuverlässigkeit. Er ist kein Historiker, sondern ein Romanautor. »Die Vermessung der Welt« ist daher nur bedingt ein **historischer Roman**. Kehlmann räumt ein: *Bei mir erfährt man nicht, wie es eigentlich gewesen ist, sondern höchstens, wie es gewesen sein könnte. Das Buch ist durch und durch ein Roman.*[1] Und in seiner Poetikvorlesung spricht der Autor von einem **gebrochenen Realismus:** *Das Buch gibt sich als ernsthaftes Geschichtswerk und ist das Gegenteil davon.*[2] So sind zahlreiche Abweichungen von den historischen Fakten auszumachen. Einige betreffen Detailfragen, andere bedeuten wesentliche Veränderungen in der Handlungs- und Figurenanlage.[3]

Trotz dieser Veränderungen und Anachronismen verleiht Kehlmann einer zunächst anonym und fremd erscheinenden Epoche mit der Gestaltung der Schicksale zweier Individuen, die ihre persönlichen Wert- und Sinnvorstellungen haben, konkretes Leben. Kehlmann macht Geschichte über ihre Psychologisierung und Privatisierung in Einzelschicksalen kritisch erlebbar. Der fiktive Erzähler seines Romans tarnt sich dabei, indem er die Arbeitsweise eines Biografen

---

1 Meller, Marius: Hamlet trifft Pythagoras, in: Der Tagesspiegel, 15.03.2006.
2 Kehlmann, Daniel: Diese sehr ernsten Scherze. Poetikvorlesungen. Göttingen 2007, S. 22.
3 s. S. 43 – 45.

imitiert: *Es sollte so klingen, wie ein seriöser Historiker es schreiben würde, wenn er plötzlich verrückt geworden wäre.*[1]

Gleichzeitig sind im Text zahlreiche Anspielungen versteckt, die auf die Unzuverlässigkeit des Erzählten selbst verweisen und das Spiel mit den Quellen offenlegen (vgl. S. 9, 27, 45, 108, 112, 114, 221f., 239, 282).[2] An diesen sog. selbstreferenziellen Passagen erweist sich der **postmoderne Roman**, genauer: der **Roman der historiografischen Metafiktion**, der das Verhältnis von Dichtung und Wahrheit nicht nur literarisch gestaltet, sondern auch explizit thematisiert.[3] Dieses Verfahren verbindet »Die Vermessung der Welt« mit Michael Köhlmeiers »Abendland« (2007) und unterscheidet sie von historischen Romanen wie Heinrich Manns »Henri Quatre« (1935/ 38), Golo Manns »Wallenstein« (1971), Christoph Ransmayrs »Die letzte Welt« (1988) und Ilija Trojanows »Der Weltensammler« (2006).

Mit der Thematisierung des Verhältnisses von Wirklichkeit und Vorstellung knüpft Kehlmann an die **Literaturepochen des 19. Jahrhunderts** an. Mit dem Bekenntnis zu einer objektiven Darstellung der sinnlich erfassbaren, gleichwohl gesellschaftlich geprägten Wirklichkeit steht der Roman dem **poetischen bzw. bürgerlichen Realismus** eines Theodor Storm (1817–1888), Theodor Fontane (1819–1898) und Gottfried Keller (1819–1890) nahe; dieser wendet sich von der idealisierenden Kunst der Klassik und dem fantasievollen Subjektivismus der weltfernen Schwärmerei der Romantik ab. Gleichzeitig kommt es nicht zur *Überbetonung der exakten Wirklichkeitskopie und der bevorzugten Darstellung des Häßlichen*[4] wie im Naturalismus. Insofern zeigt Kehlmanns **realistischer Roman** eine

1 Kehlmann, Daniel: »Ich wollte schreiben wie ein verrückt gewordener Historiker«. Ein Gespräch, in: Nickel (s. S. 63), S. 33.

2 vgl. auch Haymann, Florian: Daniel Kehlmanns »Die Vermessung der Welt«: ein historischer Roman? Eine Einordnung. München 2006, S. 13–15.

3 vgl. Marx, Friedhelm: »Die Vermessung der Welt« als historischer Roman, in: Nickel (s. S. 63), S. 183.

4 Pütz (s. S. 63), S. 74.

gewisse Ambivalenz: Die Wirklichkeitstreue muss sich dem dichterisch-fantasievollen Eingriff des Autors unterwerfen. Gerne zitiert Kehlmann in diesem Zusammenhang den peruanischen Autor Mario Vargas Llosa (*1936): *Ein Romancier lügt, aber er lügt in Kenntnis der Umstände.*[1] Diese Eingriffe zeigen sich insbesondere dann, wenn der Text **humoristisch-komische Züge** erhält[2] und wenn er sich einem sog. **magischen Realismus** verschreibt, der gleichsam die andere Seite der Wirklichkeit aufscheinen lässt, wenn sich Humboldt z. B. von Gespenstern und Ungeheuern umgeben sieht (vgl. u. a. S. 109, 172, 175f.) oder wenn der Geist seiner Mutter erscheint (vgl. S. 74, S. 255). Dies ist eine Erzählstrategie lateinamerikanischer Gegenwartsautoren, auf die sich Kehlmann in seinem Roman ebenso bezieht wie auf Passagen aus Franz Kafkas Roman »Das Schloss« (1922/26) (vgl. S. 181–190).[3] Insofern erweist sich »Die Vermessung der Welt« auch als ein **intertextuelles Werk**, das mit fremden Texten spielt. Bezeichnend sind hier die Namen von Humboldts Ruderern; Kehlmann verweist mit den Vornamen auf vier wichtige lateinamerikanische Schriftsteller: *Carlos* Fuentes, *Gabriel* García Márquez, *Mario* Vargas Llosa und *Julio* Cortázar (vgl. S. 106). Außerdem lässt er Humboldt als den Abgesandten Weimars in Macondo auftreten, einem Ort aus García Márquez' Roman »Hundert Jahre Einsamkeit« (1967).

Dass sich Kehlmanns Bestseller auch als **psychologischer Roman** lesen lässt, versteht sich von selbst, denn gerade in der Anlage als Doppelbiografie zweier Genies zeigt er die unterschiedlichen Formen des zwischenmenschlichen Miteinanders in ihrer gesellschaftlichen Komplexität ebenso wie den oft problematischen Umgang mit der Natur. In dieser Hinsicht kann »Die Vermessung der Welt« –

Hintergrund

1 Nüchtern, Klaus / Taschwer, Klaus: »Ich kann nicht rechnen«, Interview mit Daniel Kehlmann, in: Falter, Stadtzeitung Wien, 21.09.2005.

2 vgl. Pütz (s. S. 63), S. 74 und s. S. 53f.

3 vgl. Anderson, Mark M.: Der vermessende Erzähler, in: Arnold (s. S. 63), S. 65f. und Nickel, Günther: Von »Beerholms Vorstellung« zur »Vermessung der Welt«, in: Nickel (s. S. 63), 160–166.

schon der Titel legt das nahe – als **Wissenschaftsroman** gelten, der Parallelen zu Max Frischs »Homo faber« (1957) und Umberto Ecos »Der Name der Rose« (1980) aufweist. Mit Blick auf das Geschehen um Humboldt und Bonpland bekommt Kehlmanns Werk den deutlichen Charakter eines **Entdecker- und Abenteuerromans** oder auch eines **Reiseromans** und erinnert an Urs Widmers »Die Forschungsreise« (1974), Sten Nadolnys »Die Entdeckung der Langsamkeit der Welt« (1983) und Christoph Ransmayrs »Die Schrecken des Eises und der Finsternis« (1984).

»Die Vermessung der Welt« ist natürlich auch ein **Roman mit ökologischen Aspekten**, dessen Aktualität darin liegt, dass Humboldt und Gauß am Ende spüren, dass das Projekt der Vermessung der Welt fragwürdig geworden, gar gescheitert ist. So ist es nur konsequent, wenn Kehlmann selbst sein Werk *einen* ***Gegenwartsroman*** nennt, *der in der Vergangenheit spielt*[1]. Und so findet sich lediglich am Anfang des Romans eine Zeitangabe: *Im September 1828* (S. 7).

Die Darstellung der Figur des Gauß-Sohnes Eugen rechtfertigt die Bezeichnung als **Entwicklungs- und Bildungsroman**, denn es wird – ähnlich wie in Johann Wolfgang von Goethes »Wilhelm Meister« – im eigentlich klassischen Sinne der Reifungsprozess eines jungen Menschen vermittelt, der am Ende die Rolle eines Hoffnungsträgers übernimmt. Schaut man auf die in die Jahre gekommenen Forscher Humboldt und Gauß, so könnte man auch von einem gleichsam »negativen« Entwicklungsroman bzw. einem **Roman über das Altern** sprechen und zum Vergleich Martin Walsers (* 1927) späte Werke wie »Der Lebenslauf der Liebe« (2000) und »Angstblüte« (2006) sowie vor allem »Ein liebender Mann« (2008) heranziehen, der sich ebenfalls einer historischen Figur widmet, nämlich dem 73-jährigen Goethe, der sich in die 19-jährige Ulrike von Levetzow verliebt.

1 Kehlmann, Daniel: »Ich wollte schreiben wie ein verrückt gewordener Historiker«. Ein Gespräch, in: Nickel (s. S. 63), S. 32.

Die sprachliche Form

Kehlmanns Sprache ist recht nüchtern und verständlich. Sie scheint zunächst keine Besonderheiten aufzuweisen, allerdings

- **Distanzierte Redewiedergabe im Konjunktiv**

Auffällig ist die Redewiedergabe im Roman. Kehlmann nutzt weitgehend den Konjunktiv der indirekten Rede, bisweilen verschwimmen aber die Grenzen zur erlebten Rede und zum direkten Dialog, der allerdings nie durch Anführungszeichen gekennzeichnet wird, so dass eine optische Abgrenzung vom Erzählerbericht nicht erkennbar ist. Auf diese Weise ist der Vermittlungscharakter stets gegenwärtig.

- **Objektive Wortwahl und einfacher Satzbau**

Kurze, meist parataktische Sätze bilden die Basis für eine präzise Darstellung, die Fachbegriffe nutzt, auf schmückende Adjektive aber verzichtet und Verben möglichst aussagekräftig einsetzt. So entsteht der Eindruck einer nüchternen Bestandsaufnahme der Ereignisse, die Authentizität, aber auch eine gewisse Dynamik vermittelt.
Bisweilen wird das Geschehen durch Ellipsen protokollartig verknappt, was letztlich die Einbildungskraft der Leser herausfordert.

- **Einsatz stilistischer Mittel und Erzeugen von Komik**

Kehlmann verfügt über ein breites Spektrum von rhetorischen Figuren, das er planvoll einsetzt. So gestaltet er die Rede eines graubärtigen Anhängers des deutschnationalen Turnvaters Jahn mithilfe von Parallelismen im Parolenstil, teilweise stabgereimten Zweier- und Dreierformeln sowie Wortneuschöpfungen wie *Daumenlutschschlaf* (S. 232) systematisch komisch-parodistisch. Dabei kommt insbesondere der eingefügten Beschreibung von Gestik und turnerischer Aktion des Redners die Funktion zu, diesen durch überzeichnete Kombination von Wort und Tat der Lächerlichkeit preiszugeben. Auf diese Weise zeigt sich, dass sich – trotz allen Anscheins von Neutralität – die Erzählfigur durchaus auch auktorial-wertend verhält.

erkennt man beim genaueren Betrachten, dass der Autor verschiedene stilistische Mittel einsetzt, um gezielte Effekte zu erreichen.

→ *Der Teich war zugefroren, die Dämmerung des Spätnachmittags färbte Schnee und Eiszapfen blau. Er habe ihm etwas mitzuteilen, sagte der Ältere. Man mache sich Sorgen um ihn. Seine schweigsame Art, seine Verschlossenheit. Die schleppenden Erfolge im Unterricht. Mit ihnen beiden stehe und falle ein großer Versuch. Keiner von ihnen habe das Recht, sich gehenzulassen. Er zögerte einen Moment. Das Eis sei übrigens ganz fest. Tatsächlich? Aber ja.* (S. 24)

→ *Der Fluß war hinter den Katarakten noch sehr schmal, immer wieder schleuderten Stromschnellen das Boot hin und her. Gischt durchtränkte die Luft, Felsen rasten gefährlich nahe vorbei. Die Moskitos waren gnadenlos: Es schien keinen Himmel mehr zu geben, nur noch Insekten. Bald hatten die Männer aufgegeben, nach ihnen zu schlagen. Sie hatten sich daran gewöhnt, ständig zu bluten.* (S. 122)
Er beugte sich vor und wieder zurück. Kniff die Augen zusammen. Blies die Backen auf. (S. 124f.)

→ *Den Burschen, sagte der Bärtige, dürfe nichts beugen. Die Stirn dem Freund, die Brust dem Feind. Was das Volk bedränge, sei nicht Feindeskraft, sondern eigene Schwäche. Eingeschnürt sei es. Er schlug sich mit der flachen Hand auf die Brust. Könne nicht atmen, könne sich nicht rühmen, wisse nicht, wohin mit ureigenem Willen und braver Frömmigkeit. Fürst, Franzose und Pfaffe hielten es in Bann, in welscher Verzärtelung und Verlullung, im Daumenlutschschlaf. Burschentum aber, das sei: Zusammenstehen, keusch und fromm. Denken! Er ballte die Faust und klopfte sich an die Stirn. Ein Denken, dessen heiliges Eintrachtsband kein Teufel zerreißen könne. […] Was aber heiße das, Burschen? Er streckte die Arme aus, ging langsam in die Knie und richtete sich wieder auf.* (S. 231f.)

Die Wirkung

»Die Vermessung der Welt« entwickelt sich rasch zu einem enormen Verkaufsschlager, dem Kehlmann ratlos gegenübersteht: *Ich habe überhaupt keine Erklärung für diesen Erfolg des Buches, ich stehe erstaunt und fassungslos vor diesem Phänomen.*[1]

Der Roman erscheint im Herbst 2005. Schon im Juni 2007 sind eine Million Exemplare der gebundenen Ausgabe – als Taschenbuch liegt der Roman erst im März 2008 vor – verkauft, im März 2009 bereits 1,5 Millionen. Damit schlägt der Roman Bestseller wie Günter Grass' »Die Blechtrommel« (1959), Patrick Süskinds »Das Parfüm« (1985) und Bernhard Schlinks »Der Vorleser« (1995) um Längen. 35 Wochen lang hält sich der Roman, der vor allem von Männern mit wissenschaftlichem Interesse gelesen wird, auf Platz 1 der Spiegel-Bestseller-Liste.[2] Der Österreicher Thomas Glavinic (*1972) parodiert Kehlmanns Erfolg in seinem Roman »Das bin doch ich« (2007), indem er in einem Spiel von Fiktion und Wirklichkeit den Autor Daniel Kehlmann auftreten lässt, der seinem Freund, dem Ich-Erzähler Thomas Glavinic, ständig die sich steigernden Verkaufszahlen seines Humboldt-und-Gauß-Romans mitteilt und so dessen Neid erregt.

Hintergrund

»Die Vermessung der Welt« wird in über 40 Sprachen übersetzt. Jedoch ist die internationale Resonanz unterschiedlich.[3] In Amerika reagiert die Leserschaft auf »Measuring the World« eher zurückhaltend, in Großbritannien ist das Echo deutlich positiver. In Frankreich lassen sich hervorragende 40.000 und in Italien gar 50.000

1 Kehlmann, Daniel: »Ich wollte schreiben wie ein verrückt gewordener Historiker«. Ein Gespräch, in: Nickel (s. S. 63), S. 30.

2 vgl. Preußer, Heinz-Peter: Zur Typologie der Zivilisationskritik, in: Arnold (s. S. 63), S. 73f. und Meller, Marius: Die Krawatte im Geiste, in: Nickel (s. S. 63), S. 127f.

3 vgl. Stein, Julia: »Germans and humor in the same book«, in: Nickel (s. S. 63), S. 136149.

Exemplare verkaufen. Während auch in den Niederlanden und in Schweden ein guter Absatz erzielt wird, erhält der Roman in Spanien und Südamerika, wo er doch über weite Strecken spielt und wo Alexander von Humboldt sehr verehrt wird, kaum Beachtung.

Auch die offizielle Literaturkritik – veröffentlicht in den großen Tageszeitungen – zeigt sich zunächst einhellig begeistert. Für Sebastian Domsch ist »Die Vermessung der Welt« ein *humorvoller und geistreicher, spannender wie lehrreicher Roman*[1] und Martin Lüdke bezeichnet die fiktive Doppelbiografie von Humboldt und Gauß als einen *Geniestreich*[2]. *Witzig, intelligent und federleicht*[3] nennt Hubert Spiegel den Roman und Martin Krumbholz feiert Kehlmann, er sei *ein früher Meister einer auf den ersten Blick konventionellen und dabei doch hochartifiziellen Erzählkunst*[4].

Allerdings gibt es auch kritisch-negative Töne. Und diese werden lauter, je erfolgreicher sich der Roman verkauft. Neben der Kritik an der historischen Unzuverlässigkeit des Werkes und der Verfremdung der historischen Persönlichkeiten Humboldt und Gauß[5], einer Kritik also, die schlicht den Romancharakter nicht angemessen würdigt, begegnet der Vorwurf mangelnder gedanklicher Qualität, es fehle an *Leidenschaft und Tiefe*, an *Lust und Drang zu problematisieren*, an *weitausholenden Gebärden der Welterklärungswucht*. Kehlmann sei eben *der Harald Schmidt unter den Schriftstellern der Gegenwart*[6].

Hintergrund

1 Domsch, Sebastian: Der Raum im Geist, in: die tageszeitung, 24./25.09.2005.
2 Lüdke, Martin: Doppelleben einmal anders, in: Frankfurter Rundschau, 28.09.2005.
3 Spiegel, Hubert: Der Schrecken der Welt läßt sich messen, aber nicht bannen, in: Frankfurter Allgemeine Zeitung, 22.10.2005.
4 Krumbholz, Martin: Das Glück – ein Rechenfehler, in: Neue Zürcher Zeitung, 18.10.2005.
5 s. S. 43–45.
6 Krause, Tilmann: Kein Rätsel Kehlmann, in: Welt – online (http://www.welt.de/print-welt/article201470/Kein_Raetsel_Kehlmann.html?print=yes – 04.03.2006).

Interpretation

Textanalyse

Der Roman bietet viele Untersuchungsaspekte. Zunächst soll die Erzähltechnik betrachtet werden, um dann verschiedene inhaltliche Themenbereiche im Kontext zu verdeutlichen.

1 Das Erzählen

1.1 Die Erzählinstanz

Die Geschehnisse um Humboldt und Gauß werden dem Leser von einem Er-Erzähler vermittelt, der sich überwiegend der **neutralen Außensicht** bedient und der äußerst detailliert beobachtet. Dies illustriert die Episode, in der Humboldt auf einen Jaguar trifft:

> *Das Tier hob den Kopf und sah ihn an. Humboldt machte einen Schritt zur Seite. Ohne sich zu bewegen, zog das Tier eine Lefze hinauf. Humboldt wurde starr. Nach sehr langer Zeit legte es den Kopf auf die Vorderpfoten. Humboldt machte einen Schritt zurück. Und noch einen.* (S. 107)

Jetzt beginnt sich der Erzähler jedoch einzumischen und das Verhalten der Akteure auf wenn auch zurückhaltende **auktoriale Weise** zu kommentieren und in die **Innensicht** zu wechseln:

> *Der Jaguar sah ihn aufmerksam, ohne den Kopf zu heben, an.* [...] *Humboldt drehte sich um. Er horchte, aber hörte nichts hinter sich.* [...] *Er durfte nicht stolpern, er durfte nicht zurückblicken. Und dann, er konnte nicht anders, begann er zu laufen.* (S. 107f.)

Die Erzählinstanz kennt die **Gedanken der Charaktere** und weiß um ihre Handlungsmotive. Dies wird besonders deutlich, wenn der

Leser erfährt, dass Humboldt *entschied, die Ereignisse im Tagebuch so zu beschreiben, wie sie sich hätten abspielen sollen: Er würde behaupten, sie wären zurück ins Unterholz gegangen, die Gewehre im Anschlag, doch ohne das Tier zu finden.* (S. 108)

Nicht zuletzt wegen der auffälligen indirekten Redewiedergabe stellt sich vordergründig zwar der Eindruck von Neutralität ein, tatsächlich aber hält gerade auch dieses Verfahren den Lesern die ständige Anwesenheit der Erzählfigur gegenwärtig.

1.2 Die Zeitbehandlung

Besonders deutlich wird **die künstlerisch-kreative Präsenz des Erzählers** in der Verteilung der Geschichte auf die 16 Kapitel mit ihrer spezifischen zeitlichen Anordnung[1].

Kehlmann spricht von einer *festgefügten Einheit*[2], die letztlich natürlich auf den Autor selbst zurückgeht, der ja entscheidet, in welcher Breite welche Episode der **erzählten Zeit**[3] die Leser zu welchem Zeitpunkt der **Erzählzeit**[4] erfahren. Und Kehlmann stellt seiner Erzählinstanz das gesamte Spektrum der Gestaltungsmöglichkeiten zur Verfügung, um den erzählten Zeitraum von etwa 50 Jahren auf rund 300 Seiten wiederzugeben.

So nutzt der Erzähler alle vier Möglichkeiten, um die erzählte Zeit zu verkürzen (**= Zeitraffung**), indem er

1 vgl. Schaubild »Der Aufbau des Textes«, s. S. 26f.

2 Lovenberg, Felicitas von: In wie vielen Welten schreiben Sie, Herr Kehlmann?, in: Frankfurter Allgemeine Zeitung, 27.12.2008.

3 Unter der **erzählten Zeit** versteht man die Zeit, die das fiktive Geschehen dauern würde, wenn es sich wirklich ereignete. Maßeinheiten sind Jahre, Wochen, Stunden, etc.

4 Die **Erzählzeit** bezeichnet die Zeitspanne, die die Erzählinstanz benötigt, um das Geschehen zu vermitteln, d. h. die Zeit, die die Leser aufwenden, um die Geschichte aufzunehmen. Die Maßeinheit wäre Anzahl der Seiten.

- eine Zeitspanne überspringt: **Aussparung** (vgl.S. 31, 274),
- Geschehnisse aufzählt, die sich nacheinander ereignen: **sukzessive Raffung** (vgl. S. 27–30, 227–234),
- Begebenheiten aufführt, die sich regelmäßig wiederholen oder länger andauern: **irativ-durative Raffung** (vgl. S. 38, 90, 155),
- besonders markante Einzelereignisse herausgreift: **eklektische Raffung** (vgl. S. 112, 78).

Die Wiedergabe von Gedanken, Träumen und komplizierten Bewusstseinsvorgängen führt dagegen zur **Zeitdehnung** (vgl. S. 98f., 163–167) und insbesondere bei der szenischen Darstellung kommt es zur **Zeitdeckung**, d. h. Erzählzeit und erzählte Zeit stimmen nahezu überein (vgl. S. 33f., 95–97, 216–225, 235–239).

Kehlmann setzt diese erzähltechnischen Verfahren abwechslungsreich ein. In der Anordnung der drei Ebenen, nämlich der erzählten **Gegenwart** (September 1828 – vgl. 1. und 11. bis 14. Kapitel), der erzählten **Vergangenheit** (vgl. 2. bis 10. Kapitel) und der erzählten **Zukunft** (vgl. 15. und 16. Kapitel), überwiegt **das chronologisch-sukzessive Erzählen**. Vorausdeutungen sowie Rückblenden gibt es kaum. Interessanter als die Rückverweise (vgl. S. 115–118, 168f., 199, 217, 263f.) scheinen dabei die Stellen, an denen Humboldt und Gauß gleichsam prophetisch Zukunftsaussagen machen (vgl. S. 8f., 61, 208, 246), die jedoch in Humboldts Fall oft nicht zutreffen, dies gilt für Prognosen persönlicher wie politisch-kultureller Art (vgl. S. 28, 138, 202, 214, 222, 238f.). Der Einsatz der erzähltechnischen Möglichkeiten im Umgang mit der Zeit veranschaulicht letztlich Kehlmanns Auffassung vom Erzählen.

1.3 Kehlmanns Erzählen: Gebrochener Realismus

» *Ein Erzähler operiert mit Wirklichkeiten. Aus dem Wunsch heraus, die vorhandene nach seiner Vorstellung zu korrigieren, erfindet er eine zweite, private, die in einigen offensichtlichen Punkten und vielen gut versteckten von jener ersten abweicht.* […]. *Gerade*

> *wenn man darüber schreiben will, daß der Kosmos chaotisch ist und sich der Vermessung verweigert, muß man die Form wichtig nehmen. Man muß arrangieren, muß Licht und Schatten setzen.*[1]

Kehlmann geht freizügig mit der Geschichte um, dies ist ihm oft vorgeworfen worden. Er betont aber stets, einen **fiktiven Roman** geschrieben zu haben: *Es ist ein gebrochener Realismus der Gattung. Das Buch gibt sich als ernsthaftes Geschichtswerk und ist das Gegenteil davon.*[2] In der Tat gibt es viele **Abweichungen zur Historie**:

- Die preußische Post rüstet Kutschen nicht mit Lederfederung, sondern mit besseren englischen Stahlfedern aus (vgl. S. 8).
- 1828 ist das Fotografieren von Louis Daguerre (1787–1851) noch nicht so weit entwickelt, wie im Roman beschrieben (vgl. S. 14–17, 216, 235, 240, 257); es wird erst etwa zehn Jahre später möglich.
- Der 9-jährige Gauß kann nicht mit Jean-François Pilâtre de Rozier (*1757) im Heißluftballon gefahren sein, da dieser schon 1785 während einer Fahrt über den Ärmelkanal stirbt (vgl. S. 63–68).
- Der historische Gauß ist ein Weltmann und ein höflicher Gelehrter, also ganz anders als er im Roman beschrieben wird.
- Gauß' Mutter ist nicht *melancholisch* (S. 54), sondern eher heiter.
- Die Ehe zwischen Gauß und seiner zweiten Frau Minna ist glücklich, nicht so belastet wie im Roman (vgl. S. 90f., 148, 192f., 245).
- Gauß nimmt in der Realität seinen Sohn Joseph und nicht Eugen mit auf die Landvermessungen, der auch kein Versager ist, sondern später in Amerika – wie sein Bruder – als Unternehmer Erfolg hat.
- Die von Gauß unendlich geliebte Tochter Therese fehlt im Roman.

---

1 Kehlmann, Daniel: Wo ist Carlos Montúfar?, in: Nickel (s. S. 63), S. 11, 15.
2 Kehlmann, Daniel: Diese sehr ernsten Scherze. Poetikvorlesungen. Göttingen 2007, S. 22.

- Gauß' Besuch bei dem senilen Immanuel Kant (1724–1804) in Königsberg ist weder verbürgt noch glaubhaft (vgl. S. 94–97).
- Ein Selbstmordversuch mit Curare ist von Gauß gar nicht überliefert und sehr unwahrscheinlich (vgl. S. 98f.).
- Der Zwist zwischen den Humboldt-Brüdern führt nicht dazu, dass Wilhelm Alexander nach dem Leben trachtet (vgl. S. 21, 24f.)
- Als Humboldts Begleiter während der Amerika-Expedition ist neben Aimé Bonpland auch ein gewisser Carlos Montúfar bedeutsam, der im Roman aber gar nicht vorkommt.
- Einen direkten *natürlichen Kanal zwischen Orinoko und Amazonas* (S. 19, 129, 136) gibt es so nicht; bekannt ist aber schon zu Humboldts Zeiten, dass es eine Verbindung über den Casiquiare, den Conorichite und den Rio Negro gibt.
- Humboldts Curare-Selbstversuch ist unplausibel, da schon die Indios wissen, dass man Curare als Medizin bei Magen- und Darmbeschwerden ohne Gefahr trinken kann (vgl. S. 132, 224).
- Die Schneebrücken-Episode ereignet sich nach den zugänglichen Schilderungen Humboldts nicht während des Chimborazo-Aufstiegs, sondern während der Pichincha-Besteigung (vgl. S. 173f.).
- Es ist keine spiritistische Sitzung verbürgt, an der Humboldt und Gauß während des Berlin-Aufenthaltes teilgenommen hätten (vgl. S. 253–256).

Kehlmann sieht den **Künstler als Schöpfer** und verweist in diesem Kontext auf eine Passage am Schluss des Romans (vgl. S. 282):

» *Meine Romanfigur Gauß kommt sich vor wie eine nicht ganz gelungene Erfindung, wie die Kopie eines ungleich wirklicheren Menschen – was ja auch ganz und gar zutrifft. Der zweitklassige Schöpfer, das bin natürlich ich, das zweitklassige Universum ist mein Buch. Und das Original zur Kopie, das ist der reale Mensch Gauß, die geschichtliche Figur.*[1]

1 Kehlmann, Daniel / Kleinschmidt, Sebastian: Requiem für einen Hund. Berlin 2008, S. 27f.

Dabei weiß Kehlmann um die **Fragwürdigkeit eines solchen ironischen Spiels**. Er identifiziert *die zeitliche Entfernung* als den Faktor, der *es erlaubt, Menschen, die gelebt haben, neu zu erfinden.*[1]

Wie geht der Autor dabei vor? Ein Beispiel: Die Besteigung des Chimborazo von 1802 schildert der historische Humboldt in seinen Reiseschriften als *nüchterne Aufzählung der Fakten* [...]*: neugierig, doch von den Strapazen unberührt, diszipliniert, kühl*[2]. Wenn Kehlmann nun in seiner Darstellung die Beschwerlichkeiten des Aufstiegs betont (vgl. S. 168–179), dann bezieht er einerseits die Schilderung erfahrener Alpinisten ein und ist damit exakter als Humboldt, der übrigens in einem Brief an seinen Bruder Wilhelm vom 25.11.1802 sehr wohl das Dramatische des Unternehmens beschreibt[3]; andererseits verfolgt er eine klare Intention: Kehlmann führt den klassisch-aufgeklärten Entdecker an seine Grenzen, denn dieser *durchläuft gemeinsam mit seinem Assistenten auf dem Rücken des Vulkans Wahnsinn, Übelkeit, Schwindel, Angst und Verwirrung – all das also, dessen Leugnung den Klassiker überhaupt erst definiert.*[4]

1.4 Das Eingestehen der Fragwürdigkeit des Erzählens

Entscheidend ist, dass Kehlmann im Roman selbst immer wieder auf die Unzuverlässigkeit des angeblich vertrauenswürdigen Erzählens hinweist. Von Humboldt heißt es: *Zum Glück, schrieb er in sein Tagebuch, sei er niemals seekrank. Dann mußte er sich übergeben* (S. 44). Später erfahren die Leser dann, Humboldt falle sein Erbrechen kaum mehr auf (vgl. S. 50). Oder Humboldt beschreibt den gewöhnlichen Sandfloh, *aber nicht einmal im Tagebuch werde er andeuten, daß er selbst befallen worden sei* (S. 112). Wenn schon die Figur des korrekten Humboldt unzuverlässig ist, dann darf das doch wohl auch die Erzählinstanz bzw. der Autor sein – oder? Eine

1 Kehlmann, Daniel: Wo ist Carlos Montúfar?, in: Nickel (s. S. 63), S. 23.
2 Kehlmann, Daniel: Wo ist Carlos Montúfar?, in: Nickel (s. S. 63), S. 19.
3 vgl. Pütz (s. S. 63), S. 86.
4 Kehlmann, Daniel: Wo ist Carlos Montúfar?, in: Nickel (s. S. 63), S. 20.

Nebenfigur formuliert es im Roman so: *Es gebe eine oberflächliche Wahrheit und eine tiefere* (S. 279). Um diese geht es Kehlmann, der allerdings gegen den Rat seines Humboldt *eine schon entrückte Vergangenheit zum Schauplatz* wählt, *ein albernes Unterfangen*, denn das Romanschreiben ist in Humboldts Augen der *Königsweg, um das Flüchtigste der Gegenwart für die Zukunft festzuhalten* (S. 27). Ganz offensichtlich treffen sich hier wie in der Gesamtstruktur des Romans wieder die drei Zeitebenen Vergangenheit, Gegenwart und Zukunft. Dazu äußert sich auch Kehlmanns Gauß:

> » *Seltsam sei es und ungerecht, sagte Gauß, so recht ein Beispiel für die erbärmliche Zufälligkeit der Existenz, daß man in einer bestimmten Zeit geboren und ihr verhaftet sei, ob man wolle oder nicht. Es verschaffe einem einen unziemlichen Vorteil vor der Vergangenheit und mache einen zum Clown der Zukunft.* (S. 9)

Kehlmann lässt dann wieder voller **Selbstironie** seinen Gauß beklagen, dass *jeder Dummkopf in zweihundert Jahren sich über ihn lustig machen und absurden Unsinn über seine Person erfinden könne* (S. 9). Um dem vorzubeugen, denkt Humboldt *an Listen der Eigenschaften wichtiger Persönlichkeiten, von denen abzuweichen dann nicht mehr in der Freiheit eines Autors liegen dürfe* (S. 222). Humboldt äußert schon im Gespräch mit dem Missionspater Zea sein Unverständnis angesichts des ständigen *Herleiern[s] erfundener Lebensläufe, in denen noch nicht einmal eine Lehre stecke*, und der Pater versichert ihm, das Aufschreiben erfundener Geschichten sei verboten, jedoch *die Leute seien hartnäckig, und auch die heilige Macht der Kirche kenne Grenzen* (S. 114). Gegen die Unwahrheit scheint man nicht anzukommen. So fragt sich Gauß, als er mit Johanna zusammen ist, *ob je ein Tag kommen würde, an dem Menschen miteinander umgehen könnten, ohne zu lügen* (S. 91). Zuvor erfährt der Leser, dass Gauß die Anekdote von seinen Rechenkünsten als Kleinkind, die sein Sohn Joseph erfindet, selbst für wahr hält (vgl. S. 12f.).

Diese im Roman verstreuten erzähltheoretischen Hinweise legen

Kehlmanns Strategie offen: Er spielt mit Daten und Fakten und zieht sich im Prozess des Schreibens den Zorn seiner Protagonisten zu, denn Gauß pflichtet Humboldt bei, als dieser die Aufgabe der Künstler als *das Vorzeigen dessen, was sei*, definiert und ausdrücklich *Romane, die sich in Lügenmärchen verlören, weil der Verfasser seine Flausen an die Namen geschichtlicher Personen binde* (S. 221), ablehnt. Hier sprechen also gleichsam die fiktiven Figuren mit dem Verfasser bzw. dieser führt über die Figuren einen Dialog mit sich selbst, durch den die Leser gedrängt werden, zu entscheiden, *wie weit sie sich dem Buch und seinem Autor anvertrauen wollen oder eben nicht.*[1]

Kehlmann sieht dabei die **Freiheit des Autors**, sich mit seiner *Vorstellung von Wahrheit* in seinem Schreiben *innerhalb des Spannungsfeldes zwischen real und fiktiv* zu bewegen, durchaus begrenzt. Mit Blick auf den Selbstmordversuch, zu dem er seinen Gauß ohne jeglichen historischen Rückhalt führt, formuliert Kehlmann die Verpflichtung des Schriftstellers, sich *nicht zu weit von der historischen Figur zu entfernen und auch nicht zu nah an sie heranzutreten.*[2]

Einen direkten, authentischen Zugriff auf die Vergangenheit gibt es nicht. Dies verdeutlicht auch die Foto-Szene zu Beginn des Romans, in der der große Daguerre vergeblich versucht die Begegnung zwischen Humboldt und Gauß festzuhalten (vgl. S. 15–17). Aber auch der Journalismus kommt als Form der Dokumentation nicht infrage. Im Roman wird insbesondere mit der Arbeitsweise der Reporter Gomez, Wilson und Duprés die Fragwürdigkeit des Sensationsjournalismus offengelegt (vgl. S. 196, 199, 206f., 217, vgl. auch S. 269, 288). Authentischer ist immer noch die Fiktion selbst, also der Roman, zumal wenn in ihm in einem vielschichtigen selbstreferenziellen bzw. metanarrativen Spiel ständig betont wird, dass er nicht historisch zuverlässig ist, sondern eine eigene Wahrheit verfolgt.

---

1 Wittstock, Uwe: Die Realität und ihre Risse, in: Nickel (s. S. 63), S. 121.
2 Kehlmann, Daniel / Kleinschmidt, Sebastian: Requiem für einen Hund. Berlin 2008, S. 68.

2 Die Anlage der Figuren

2.1 Humboldt und Gauß als Gefährdete

Vergleicht man die beiden zentralen Charaktere unter den wesentlichen Aspekten, so fallen die gravierenden Differenzen sofort auf.[1] Zwar scheint Humboldt häufiger als Gauß in **geistig-emotionale Krisensituationen** zu geraten, dafür stehen die Erlebnisse während einer Höhlen-Inspektion, bei der ihm seine tote Mutter erscheint (vgl. S. 73f.), die vielen Begegnungen mit unnatürlichen und unheimlichen Phänomenen (vgl. S. 21f., 45, 109, 135, 260) und vor allem die Besteigung des Chimborazo mit der ständigen Sinnestäuschung seines toten Hundes (vgl. S. 172, 175–179, vgl. auch S. 106, 130f., 168f.). Aber auch Gauß kennt psychisch belastende Momente. Deutlich wird dies z. B. während seines Aufenthaltes auf dem Gut des Grafen von der Ohe zur Ohe; *ein quälender Traum* lässt ihn *in wenigen Sekunden von einer Wirklichkeit in die nächste und wieder nächste* (S. 184f.) wechseln, die allesamt bedrückend sind. In einer dieser Traumrealitäten begegnet auch Gauß *ein toter Hund* (S. 185), so werden also auch über diese irrealen Welten die beiden Protagonisten mit einander verbunden. Endlich gelingt es Gauß, das labyrinthische Herrenhaus zu verlassen (vgl. S. 183, 190), er trifft in dem paradiesischen Garten dann auf den göttlich-allwissenden Grafen selbst (vgl. S. 185–190).

Anders als in der magischen Romanwelt lateinamerikanischer Autoren wie Gabriel García Márquez werden diese *winzigen Verschiebungen in der Wirklichkeit* (S. 117) den Figuren wie auch dem Leser der »Vermessung der Welt« als solche bewusst, sie sind **Einbrüche in die Realität**, die aber insgesamt intakt bleibt: *Kehlmanns erzählte Welt bleibt nicht dauerhaft und fraglos im Modus des Irrealen.*[2] Die Realität scheint sich zu behaupten. Auch Gauß

1 vgl. Schaubild »Die Personen«, s. Info-Klappe.
2 Marx, Friedhelm: »Die Vermessung der Welt« als historischer Roman, in: Nickel (s. S. 63), S. 181.

erfährt dies: Sterben und Tod seiner ersten Frau Johanna lösen eine psychische Krise von existenziellem Ausmaß in ihm aus, Ereignisse, die *sein Gedächtnis lange nicht zur Einheit formen* (S. 161) kann. Sein Leben wird ihm fragwürdig: *Leben müssen, obgleich alles vorbei ist.* (S. 162). Tatsächlich zwingt ihn die Versorgung von Haushalt und Kindern dazu (vgl. S. 161), Johannas beste Freundin Minna zu heiraten, obwohl *er sie nicht ausstehen konnte* (S. 193). Die Wirklichkeit, in die das Unvorstellbare, das Geheimnisvolle immer wieder eingreift, verlangt nach Fortsetzung, und zwar: *Als hätte es noch Sinn.* (S. 162)

Die Figuren Gauß und Humboldt zeigen das Merkmal der Komplexität – beide sind mehrdimensional angelegt. Sie sind eher als offene Charaktere zu bezeichnen, da sie in ihrem Verhalten und Handeln teilweise rätselhaft erscheinen, auch wenn gewisse Muster erkennbar werden. Gerade diese Mischung garantiert ihre Individualität. Die Leser können sich einen Einblick in die Psyche der beiden Genies erarbeiten, was durch die Gegensätzlichkeit der Figuren erleichtert wird.

2.2 Spiegelbildliche Paarbeziehungen

Die Hauptfiguren treten über weite Strecken nicht allein auf. Kehlmann stellt ihnen mit Bonpland und Eugen Begleitfiguren zur Seite und nutzt dabei erneut das Mittel der Kontrastierung.

2.2.1 Humboldt und Bonpland

Kehlmann nennt Aimé Bonpland Humboldts *aufmüpfigen Widerpart*[1], vor allem aber bildet er *den menschlichen Gegenpart zur*

1 Kehlmann, Daniel: Wo ist Carlos Montúfar?, in: Nickel (s. S. 63), S. 16.

exzentrischen Gedanken- und Gefühlswelt seines langjährigen Gefährte[n][1]. Bonpland kann anders als Humboldt das Fremde, das Unsichere und die Unordnung aushalten, ja genießen. Vor allem sein Umgang mit der Sexualität kennzeichnet ihn als Gegenfigur zu Humboldt. Während der Preuße seine zur damaligen Zeit problematische Homosexualität über gesteigerte Selbstdisziplin und Rastlosigkeit, die geradezu Fluchtcharakter annimmt, kompensiert, veranschaulicht Bonplands triebgesteuerte Sexualität seine normale Sinnenlust.

Bonpland wird mit seinem normalen Menschenverstand (vgl. S. 136) und seinen zahlreichen Schwächen mehr und mehr zu Humboldts Korrektiv. Jedoch scheitert er. Er findet sich nach der Expedition in Paris nicht mehr zurecht (vgl. S. 225) und stirbt, von einem Diktator unter Hausarrest gestellt, *in der Einsamkeit Paraguays* (S. 174, vgl. auch S. 291f.).

Humboldt ist durch und durch Preuße. Der Kontrast Humboldt/Bonpland zielt wesentlich auf die **Entlarvung des spezifisch Deutschen**. Bonpland fragt Humboldt, der vor lauter Messeifer das eigentliche Phänomen einer Sonnenfinsternis gar nicht gesehen hat, ganz *ungläubig*: *Müsse man immer so deutsch sein?* (S. 80) **Das unbeirrt Korrekte** zeigt sich im Roman insbesondere in der Haltung des Deutschen: Schon Gauß' Vater weiß: *Ein Deutscher [...] sei jemand, der nie krumm sitze* (S. 53f., vgl. auch S. 60). Und Humboldt hält sich immer gerade. Als er zusammen mit Bonpland auf dem Gipfel des Doppelberges Silla von einem Bienenschwarm angegriffen wird, bleibt Humboldt aufrecht stehen, während sich der Franzose schützend auf den Boden wirft (vgl. S. 101). Natürlich hält sich Humboldt *sehr gerade*, als er vor der Begegnung mit dem amerikanischen Präsidenten durch das Spalier *ungeschickt salutierender Soldaten* (S. 212) schreitet. Noch der greise Humboldt ist bemüht, *nicht gebeugt zu stehen* (S. 291), als der Zar ihn ehrt. **Das Militärische** zeichnet den Preußen ohnehin aus. Bei Hitze oder Kälte, auf dem

1 Pütz (s. S. 63), S. 71.

Wasser oder auf dem Vulkan trägt Humboldt seine Uniform. Sie wird so zum Markenzeichen des Wissenschaftlers, der vor Selbstversuchen, aber auch vor brutalen Experimenten nicht zurückschreckt, wenn er z. B. Hunde, *unedel und ziemlich räudig* (S. 169), mit Krokodilen zusammensperrt, um deren Jagdverhalten zu erforschen, oder wenn er drei Mumien aus einer Höhle entwendet (vgl. S. 120). Hier offenbart sich die unmoralische Rücksichtslosigkeit des deutschen Forschers sich selbst und anderen gegenüber.[1] Bezeichnend ist, dass es selbst gegenüber Bonpland zur Gewaltandrohung kommt, als Humboldt sich mit der Waffe gegen den Vorwurf wehrt, er, *der Patensohn des Herzogs von Braunschweig* (S. 134), habe Menschenfleisch gegessen. Hier versteht Humboldt keinen Spaß.

2.2.2 Gauß und Eugen

Das Verhältnis zwischen Gauß und Eugen, sowohl die Vater-Sohn- als auch ihre berufliche Beziehung, ist überaus konfliktbeladen. Nach Kehlmann ist Gauß *ein desinteressierter Familienvater und ein Monstrum an schlechter Laune*[2] und die bekommt vor allem Eugen zu spüren, und zwar in Form von verbalen wie handgreiflichen Attacken. Im Grunde ist Gauß enttäuscht, keinen würdigeren Sohn zu haben als diesen *Durchschnittskopf* (S. 10), er bedauert sich selbst (vgl. S. 191). So stellt Eugen am Ende fest, *sein Vater habe vieles geliebt, bloß nicht ihn* (S. 300). Und tatsächlich hat Gauß, nachdem der Versuch, Eugen aus der Haft zu bekommen, gescheitert ist, schnell einen Ersatz für seinen Sohn, nämlich den viel talentierteren Physiker Wilhelm Weber (vgl. S. 252, 261).

Die Figuren Bonpland und Eugen dienen als kontrastive Begleitfiguren dazu, die Charaktereigenschaften der beiden Hauptfiguren Humboldt und Gauß zu unterstreichen und so insbesondere ihre Unmenschlichkeit herauszustellen.

1 vgl. Meller, Marius: Die Krawatte im Geiste, in: Nickel (s. S. 63), S. 129f.
2 Kehlmann, Daniel: Wo ist Carlos Montúfar?, in: Nickel (s. S. 63), S. 11.

Dabei darf man jedoch nicht die **Eigenständigkeit der Figur des Eugen Gauß** übersehen, denn er durchläuft einen Emanzipationsprozess. Kehlmann selbst misst Eugen eine zentrale Rolle zu, weil *er sich am stärksten von allen Figuren entwickelt.*[1] Nicht zufällig endet der Roman mit dem Ausblick auf das Schicksal Eugens. Die Jahre als Assistent seines ungerechten Vaters lassen ihn ebenso reifen wie sein naives politisches Interesse, das ihn zunächst zum manipulierbaren Mitläufer des deutschnationalen Turnvaters Friedrich Ludwig Jahn (1778–1852) (vgl. S. 228–232) werden lässt und für das er – nach Haft und Folter – den hohen Preis der Verbannung nach Amerika zahlen muss (vgl. S. 295f.). Diese Reife ist äußerlich und innerlich erkennbar: Er raucht *die erste Pfeife seines Lebens,* trägt *jetzt einen Bart und kam sich zum erstenmal nicht wie ein Kind vor* (S. 295), er verbringt seine erste Nacht mit einer Frau (vgl. S. 297f.). Interessant ist, dass Eugen in diesem Prozess seinem Vater ähnlich wird. Beim Kartenspiel hat er Erfolg, weil er eine Methode, die ihm sein Vater beigebracht hat, anwendet (vgl. S. 297). Am Ende scheint Eugen die schwere Zeit mit seinem Vater hinter sich lassen zu können, er plant den Aufbruch in seine neue Heimat Amerika (vgl. S. 301f.) und folgt damit in gewisser Weise den Fußstapfen Humboldts, was man als Hinweis auf eine *Vaterschaftsverschiebung*[2] deuten kann.

3 Relativierung durch Komik und Ironie

Aufgrund des dualistischen Strukturprinzips, das sich vor allem in der Figurenkonstellation zeigt, gelingt es Kehlmann, die verschiedenen Haltungen seiner Figuren zu relativieren. Das macht die Spannung, aber auch die Komik des Romans aus, der in einem prinzipiell ironischen Erzählton gehalten ist, was schon das Spiel mit der Zuverlässigkeit des Erzählens verdeutlicht. Humboldt und Gauß, aber

1 Lüdke, Martin: Daniel Kehlmann: Das Alterswerk eines jungen Mannes, in: rowohlt revue, Frühjahr 2006. S. 11.

2 Kehlmann, Daniel: »Mein Thema ist das Chaos«. Ein Gespräch, in: Nickel (s. S. 63), S. 36.

auch Nebenfiguren werden zur **Zielscheibe von Witz und Komik**, nur Eugen und Bonpland nicht. Die Situationen sind vielfältig:

- Der alte Gauß verhält sich vor und während der Reise nach Berlin wie ein verstocktes Kind (vgl. S. 7–9).
- Der spanische Minister Urquijo fragt ausgerechnet Humboldt nach einem Potenzmittel (vgl. S. 43f.).
- Gauß besucht den senilen Aufklärer Kant (vgl. S. 94–97).
- Gauß erklärt sein Hochzeitsglück als Rechenfehler (vgl. S. 148).
- Der verunsicherte Gauß begegnet in einem südländisch angelegten Garten dem erstaunlich belesenen Grafen von der Ohe zur Ohe (vgl. S. 186–190).
- Humboldt wird vom amerikanischen Präsidenten Jefferson, ein *Hinterwäldlerpräsident* (S. 211), empfangen (vgl. S. 212–214).
- Der Anhänger des Turnvaters Jahn beschwört vor den Studenten die hohlen deutschnationalen Ideen (vgl. S. 230–232).
- Die Wissenschaftler Humboldt und Gauß nehmen an einer spiritistischen Sitzung teil (vgl. S. 254–256).
- Humboldt trifft auf einen buddhistischen Lama, der von ihm die Erweckung seines toten Hundes erbittet (vgl. S. 285–287).

Was geschieht hier? In den verschiedenen Situationen trifft Größe auf das Gewöhnliche, Alltägliche, Niedrige oder Gemeine und Dumme. Die **Erwartung der Leser wird düpiert** und diese gehen zum Geschehen und – wichtiger noch – zu den handelnden Personen auf Distanz. Das Genie Gauß verhält sich wie ein Kind, der große Entdecker Humboldt halluziniert und erbricht sich ständig beim Besteigen des Chimborazo. Es handelt sich um eine *Komik, die nicht denunziert, sondern um eine Komik, die aufklärt, weil sie auch die Kehrseite von Größe zeigt, dazu all das, worüber Größe hinwegschreitet, hinwegschreiten muss, um wirklich groß zu sein.*[1] Das hat eine befreiende Wirkung. Kehlmann selbst gesteht, beim Schreiben viel gelacht zu haben, und verweist auf die *drastische Entschlossenheit*

1 Krause, Tilmann: Größe und Komik deutscher Kultur, in: Die Welt, 06.10.2007.

zum Gelingen, die bei Alexander von Humboldt [...] *über Leichen geht, Leichen von Indianern in dem Fall, das ist doch komisch!*[1] Mit Friedrich Schiller kann man das auch **satirisch** nennen, denn hier entfernt sich der Mensch von seiner Natur. Es wird der Widerspruch von Wirklichkeit und Ideal deutlich.[2]

4 Forschungs- und Zivilisationskritik

Der Titel des Romans verweist auf seine Thematik, eben die wissenschaftliche Vermessung der Welt, wobei sich auch die Assoziation zur Vermessenheit der Forscher aufdrängt. Das ist die aktuelle Problematik der **Hybris der Wissenschaft**. Beide Genies halten die Vermessung des Kosmos für einen Schöpfungsakt: Humboldt glaubt, der Kanal zwischen Amazonas und Orinoko existiere erst wirklich mit seiner kartografischen Erfassung (vgl. S. 136). Gauß kommt es manchmal so vor, als habe er einen *Landstrich nicht bloß vermessen, sondern erfunden, als wäre er erst durch ihn Wirklichkeit geworden* (S. 268). Für Humboldt schließt das Vermessungsprojekt die *Unterwerfung der Natur* (S. 196) ausdrücklich ein. Aber Gauß sieht auch das Zerstörerische seiner Arbeit: *Nichts, was einmal jemand vermessen hatte, war noch oder konnte je sein wie zuvor* (S. 268). Und so verbindet er mit dem Forschen keineswegs Fortschritt. Gauß, der schon als Kind durchschaut, dass Erkennen Verzweiflung ist (vgl. S. 59), weiß: *Die Welt könne notdürftig berechnet werden, aber das heiße noch lange nicht, daß man irgend etwas verstehe* (S. 220).

Was ist das **Motiv für die Erforschung der Welt**? Humboldt kann die Frage nicht recht beantworten. Tautologisch formuliert er: *Man wolle wissen,* [...] *weil man wissen wolle* (S. 70). Tatsächlich folgt er wohl der Maxime seines Lehrers Marcus Herz: *Wann immer einen die Dinge erschreckten, sei es eine gute Idee, sie zu messen* (S. 22). Hum-

1 Kehlmann, Daniel: »Mein Thema ist das Chaos«, in: Nickel (s. S. 63), S. 42.
2 vgl. Catani, Stephanie: Formen und Funktionen des Witzes, der Satire und der Ironie in »Die Vermessung der Welt«, in: Nickel (s. S. 63), S. 203.

boldts Wissensdurst basiert auf der Angst vor dem Chaos (vgl. S. 50, 129). Auf seiner Russlandreise wehrt sich der gealterte Humboldt dann gegen die Charakterisierung von Seiten eines buddhistischen Lama, er sei jemand, *der alles wisse* (S. 285); er habe vielmehr nur nach innerer Stärke und Größe gestrebt, woraufhin der Lama seine Brust berührt und sagt: *Aber da sei nichts. Wer das nicht verstehe, werde rastlos, laufe durch die Welt wie der Sturm, erschüttere alles und wirke nicht* (S. 286). Das beschreibt exakt Humboldts tragische Situation: Er ist ein Getriebener zeit seines Lebens, aber sein Tun ist vergebens (vgl. S. 264). So erkennt auch ein Handleser nichts, was Humboldt charakterisieren würde. Er ist ein *Niemand* (S. 125), obwohl er doch überzeugt war, dass er der Welt nicht gleichgültig ist (vgl. S. 51).

Gauß muss früh begreifen, dass **sich Erkenntnis nicht mitteilen lässt**. Dafür steht die Begegnung mit Kant. Gauß weiß, dass die Gesetze der Geometrie dem tatsächlichen Raum nicht gerecht werden, er erkennt, dass sich Parallelen in der Unendlichkeit schneiden. Aber Kant, der die Euklidischen Gesetze zu den unverzichtbaren Voraussetzungen des Denkens zählt, ist inzwischen zu senil, um ihm folgen zu können (vgl. S. 95f.). Gauß ist in seinem Verstehen weiter als Humboldt. Dieser glaubt noch an eine geordnete Gliederung der Welt, für ihn ist die Natur noch *ein Ganzes* (S. 117), davon spricht auch sein großer Berliner Vortrag, der aber u. a. von Gauß durchaus kritisch kommentiert wird (vgl. S. 235–239). Resigniert, aber realistisch klingt dann das Fazit des weise gewordenen Humboldt: *Die Dinge sind, wie sie sind, und wenn wir sie erkennen, sind sie genauso, wie wenn es andere tun oder keiner.* (S. 291)

Am Ende erkennen beide Genies die Begrenztheit und Fragwürdigkeit ihres Tuns. Gauß und Humboldt erscheinen so als Weise, die ihre Lebensleistung kritisch-pessimistisch einschätzen.

Humboldts Vorstellung, mit dem Begreifen des Kosmos würden *alle Schwierigkeiten menschlichen Anfangs, wie Angst, Krieg und Ausbeutung* überwunden und die *Wissenschaft werde ein Zeitalter der Wohlfahrt herbeiführen*, sogar das *Problem des Todes* (S. 238) könne gelöst werden, muss heute naiv-optimistisch erscheinen. Vielmehr schafft **ungehemmtes Forschen** Probleme. Humboldt selbst scheint seine humanistischen Ideale immer dann zu verdrängen, wenn es um seinen wissenschaftlichen Erfolg geht, oft genug ist sein Vorgehen unmoralisch (vgl. S. 32f., 113, 118, 120, 165). Gleichwohl kritisiert er Sklaverei, Kolonialismus und Missionierung. Gewaltwillkür wie das Opfer von 20.000 Menschen zur Einweihung des Tempels der Hauptstadt von Neuspanien ist ihm unvorstellbar: *Wenn so etwas wirklich geschähe, würde das Universum enden.* Realistischer schätzt dies ein Arbeiter ein: *Dem Universum* [...] *sei das scheißegal* (S. 202). Die Welt ist chaotisch. Wissenschaft und Zivilisation verbürgen nicht die Harmonie des Kosmos. Das friedliche Miteinander der Menschheit bleibt eine Illusion, gerade auch in einer auf Vernunft setzenden Welt. Das ist die zentrale kritische Aussage des Romans. **Erlösung durch Erkennen gibt es nicht**, aber auch Erlösung durch religiösen Glauben wohl nicht. Denn Gott ist unzuverlässig. Nach Gauß ist es, *als hätte Gott sich Nachlässigkeiten erlaubt und gehofft, keiner würde sie bemerken* (S. 88). Ein Jüngstes Gericht hält er deshalb für unwahrscheinlich, denn die Fragen nach dem Grund für das *Unzureichende in allem* wären *Gott nicht angenehm* (S. 99).

5 Das Altern als schicksalhafte Last

Zweifellos stellt das Älterwerden ein wichtiges gesellschaftliches Thema zu Beginn des 21. Jahrhunderts dar. »Die Vermessung der Welt« widmet sich dieser Problematik in mehrfacher Hinsicht. Gauß entlarvt das Bedrückende des Alters: *Wieso war er so alt geworden? Man ging nicht mehr gut, man sah nicht mehr richtig, und man dachte so langsam. Altern, das war nichts Tragisches. Es war lächerlich.* (S. 245) Im Falle Kants zeigt sich – ähnlich wie bei dem *großen Bougainville*

(S. 39) – diese Lächerlichkeit als Senilität und Unfähigkeit zum zusammenhängenden, schlussfolgernden Denken, die den großen Aufklärer zu einem *Männchen* degradiert, dem ein *Tropfen Speichel* [...] *über sein Kinn* (S. 97) rinnt. Wenn Gauß, er ist gut 20 Jahre alt, sich kurz nach dem Kant-Besuch umbringen will, dann geschieht das auch unter dem Eindruck des unwürdig gealterten Philosophen: *Schmerzen an Leib und Seele, sowie das langsame Verkümmern aller Fähigkeiten bis hin zur Schwäche des Alters. Nein!* (S. 98f.).

Im Roman erscheint **das Alter ausschließlich als eine Last**. Für Gauß ist es *die Quelle aller Erniedrigung* und ein Beleg *für Gottes bösen Humor* (S. 10). Er beklagt die nachlassende Denkfähigkeit (vgl. S. 155, 224) und auch Humboldt bemerkt, dass er an Überzeugungskraft verliert: *Es sei das Alter* [...]. *Früher habe er jeden überzeugen können.* [...] *Ihm habe niemand widerstanden.* (S. 260)

Aus seiner Beschäftigung mit der Sterbestatistik schließt Gauß, dass die Menschen zwar glaubten, *alles selbst entschieden* zu haben, *aber die Mathematik zeige einem, daß man immer die breiten Pfade genommen habe* (S. 219), Freiheit des Handelns also gebe es gar nicht. Nicht die despotischen Fürsten seien die wahren Tyrannen, sondern: *Die wahren Tyrannen seien die Naturgesetze* (S. 220). Und diese Naturgesetzte zeichnen verantwortlich für die Zwangsläufigkeit des Alterns, dies betrifft den Herzog von Braunschweig (vgl. S. 144) und ebenso Gauß' geliebte Mutter: *Sie verging vor seinen Augen, und er konnte nichts dagegen machen* (S. 54). Angesichts des Alters offenbart sich die Ohnmacht auch des Genies, ähnlich brutal ist nur noch der **Tod**, den Gauß immer wieder erleben muss (vgl. S. 161). Aber der Tod, so definiert Humboldt, sei *jene sich über Jahre dehnende Erschlaffung; die Zeit, in der ein Mensch noch da ist und zugleich nicht mehr und in der er, ist auch seine Größe lange dahin, noch vorgeben kann, es gäbe ihn* (S. 263). Dazu passt es dann, dass Gauß sich das Schweigen der Toten damit erklärt, dass sie als die *Klügeren* auf Reden verzichteten, *weil sie in einer stärkeren Wirklichkeit waren,* *weil ihnen diese hier schon wie ein Traum und eine Halbheit, wie ein längst gelöstes Rätsel erschien* (S. 282). Gauß vermutet, der Tod werde kommen als *eine Erkenntnis von Unwirklichkeit* (S. 282). Dabei versteht er unter dem Unwirklichen *das Wesen der Zahl*, von *Raum und Zeit* und die *Natur der Linie* (S. 282), also Phänomene, die ihm in seinem Forscherdasein fragwürdig und unklar geworden sind. Damit setzt er weiterhin auf einen Erkenntnisgewinn: Muss der hochbegabte Gauß – wie letztlich auch Humboldt – mit zunehmendem Alter begreifen, dass vollkommene Erkenntnis der Welt nicht möglich ist, so setzt er im Tod wieder auf Erkenntnis, und zwar auf die vollkommene Erkenntnis des Wesens der Dinge, eben der *Unwirklichkeit* (S. 282), eigentlich der Metaphysik. Damit ist ein Entwicklungsprozess geschlossen. Gauß wie Humboldt erweisen sich insofern auch als **dynamische Figuren**. Es handelt sich praktisch um die Pervertierung des Erziehungs- oder Bildungsromans, es ist **der negative Bildungsroman**, der vielleicht einer vergreisenden Gesellschaft wie der unsrigen durchaus gut ansteht.

Am Ende steht die Erkenntnis der Greise: *Unser Erfinder hat genug von uns* (S. 292). Es ist hier nicht auszumachen, welches der greisen Genies dies sagt, es handelt sich um eine Art *Gedankenübertragung zwischen Humboldt und Gauß*[1], und es ist natürlich das bekannte Spiel mit der Erzählfigur bzw. mit dem Autor Kehlmann.

Der Roman schildert das Älterwerden als unvermeidliche Bürde. Das Alter ist schicksalhaft, man kann sich nicht wehren. Selbstbestimmung und Freiheit des Einzelnen sind so nicht nur durch die gesellschaftlich-politischen Rahmenbedingungen bedroht, sondern vor allem durch den physischen und mentalen Verfall.

1 Kehlmann, Daniel / Kleinschmidt, Sebastian: Requiem für einen Hund. Berlin 2008, S. 40.

Aufgaben mit Lösungstipps

»Die Vermessung der Welt« bietet viele thematische und formale Analyseaspekte. Die folgenden Aufgaben umfassen komplexere Fragestellungen, die Sie eigenständig bearbeiten können, um sich so auf Klausuren und Prüfungen angemessen vorzubereiten.

? Aufgabe 1

Alexander von Humboldt beschreibt in seinen »Ansichten der Natur« (1807) die Höhle von Ataruipe:

> *Dieser Ort ist die Gruft eines vertilgten Völkerstammes. Wir zählten ungefähr 600 wohlerhaltene Skelette, in ebenso vielen Körben, die von den Stielen des Palmenlaubes geflochten sind. Diese Körbe, welche die Indianer Mapires nennen, bilden eine Art viereckiger Säcke, die nach dem Alter des Verstorbenen von verschiedener Größe sind. Selbst neugeborene Kinder haben ihr eigenes Mapire. […] Die Knochen sind auf dreierlei Weise zubereitet […]. Wir verließen die Höhle bei einbrechender Nacht, nachdem wir mehrere Schädel und das vollständige Skelett eines Mannes, zum größten Ärgerniß unsrer indianischen Führer, gesammelt hatten […]. Das Skelett selbst aber ging, wie ein großer Teil unsrer Naturaliensammlungen, besonders der entomologischen*[1], *in einem Schiffbruch verloren, welcher an der afrikanischen Küste unserem Freunde und ehemaligen Reisegefährten, dem jungen Franziskanermönche Juan Gonzalez, das Leben kostete.*[2]

Vergleichen Sie diese Original-Passage aus den Schriften Alexander von Humboldts mit der Schilderung im Roman (S. 72 ff.) und erläutern Sie Kehlmanns Erzählstrategien sowie seine Intention.

---

1 entomologisch – insektenkundlich
2 Humboldt, Alexander von: Ansichten der Natur. Hrsg. von Adolf Meyer-Abich, Stuttgart 2008, S. 50–53.

! Lösungstipp

Auf der Basis des Romans ergibt sich der freie Umgang Kehlmanns mit dem tatsächlichen Geschehen, wie es von Humboldt selbst überliefert ist. Die Passage verweist so auf Kehlmanns gebrochenen Realismus. Im Einzelnen ergeben sich folgende Aspekte:

- Im Roman (vgl. S. 120) Verzicht auf Namen und Fachbegriff, aber exakte Beschreibung der Leichen und vor allem von Humboldts Vorgehen, Einführen einer Kinderleiche, Betonen von Bonplands Protest → Strategie/Wirkung: Betonung des Drastischen der Forschertätigkeit (vgl. Lexik, Syntax); Entlarvung von Humboldts Tun als unmoralisch (Leichenschändung, Missachten der Gefühle der Begleiter); Humanismus-Kritik; Bonpland als Gegenfigur bzw. Korrektiv
- Intention: Verstärkung von Bonplands positiv-sympathischer Rolle und Relativierung des Forschens durch Hinweis auf Untergang der Sammlung (vgl. S. 164); Konzentration des Geschehens durch Weglassen der Figur Gonzales

? Aufgabe 2

Stellen Sie das Verhältnis der Humboldt-Brüder in seiner Entwicklung dar und erläutern Sie Kehlmanns Aussage: *Wilhelm von Humboldt ist vielleicht wirklich die einzige Figur, mit der ich ziemlich aggressiv-polemisch umgehe.*[1]

! Lösungstipp

Folgende Phasen der Bruder-Beziehung sind zu unterscheiden:

- Kindheit und Jugend: Die feindlichen Brüder → Wilhelm bringt seinen jüngeren Bruder Alexander in Lebensgefahr, scheint ihn

1 Kehlmann, Daniel: Diese sehr ernsten Scherze. Poetikvorlesungen, Göttingen 2007, S. 42.

töten zu wollen (vgl. S. 21, 23–25) – Wilhelms Motiv: Forschungsdrang, d. h. der Bruder als Versuchsobjekt; Geschwister-Neid

- Erwachsenenalter, Phase der Entdeckertätigkeit Alexanders: Kontakt-Halten → Alexander macht Wilhelm zum Bewahrer seiner Forschungsergebnisse (vgl. S. 78, 87, 164); schreibt ihm einen Abschiedsbrief (vgl. S. 168, 180). Wilhelm leidet an dem Ruhm seines Bruders, an der Verwechslung mit ihm (vgl. S. 159).
- Alter: Verständnis, gegenseitige Vertrautheit: → Alexander steht Wilhelm beim Tod von dessen Frau bei (vgl. S. 263); kurzzeitig verzichten beide darauf, Haltung zu wahren (vgl. S. 263); Wilhelm offenbart, immer von Alexanders sexueller Neigung gewusst zu haben (vgl. S. 264), von seinem eigenen beruflichen Werdegang enttäuscht zu sein (vgl. S. 264) und resümiert, dass beider Leben nur als Kampf um die Anerkennung des jeweils anderen zu sehen ist, und nimmt damit bestätigend eine alte Position Alexanders auf (vgl. S. 33f., 265f.).
- Der Roman zeigt den jungen Wilhelm als *Engel* (S. 20), der aber hinterhältig ist (vgl. S. 21–25), darauf scheint sich das Kehlmann-Zitat zu beziehen. Ansonsten erscheint er zwar lebensbejahender als sein jüngerer Bruder (vgl. S. 27), aber ähnlich wie dieser arrogant (vgl. S. 26) und preußisch-deutsch, also ehrgeizig und korrekt (vgl. S. 158f.). Seine Offenheit am Ende macht ihn eher sympathisch.

? Aufgabe 3

Während der spiritistischen Sitzung, an der Humboldt und Gauß in Berlin teilnehmen, »sieht und hört« ein Mädchen verschiedene Personen (vgl. S. 254f.). Lösen Sie die versteckten Andeutungen auf und bestimmen Sie die Funktion dieser Passage.

! Lösungstipp

Folgende Aspekte sind auszuführen:

- Einordnung der Textstelle: Humboldt und Gauß auf der Suche nach dem Gendarmeriekommandanten Vogt, um ihn zur Freilassung Eugens aus der Haft, in der er sich wegen der Teilnahme an einer geheimen Studentenversammlung befindet, zu bewegen; Scheitern des Versuchs wegen Gauß' Beschimpfungen von Vogt
- Auflösen der Andeutungen: Aufnahme der sexuellen Bezüge in der Darstellung des Mädchens (vgl. Nachthemd, Stöhnen, feuchte Haut, Humboldts Fluchtreaktion, Gauß' Interesse); Nennen von Napoleon als Hinweis auf Humboldts wie Gauß` Probleme durch den französischen Herrscher (vgl. S. 97f., 151–154, 217f.); Benennen eines Mutter-Sohn-Verhältnisses als Verweis auf Humboldts mütterliche Bindung (vgl. befreite Reaktion auf ihren Tod, S. 36; Höhlen-Erlebnis, S. 74); Hinweis auf Tod eines Bruders als Signal für das Konkurrenzverhältnis der Humboldts (vgl. S. 21–25, 159, 263–266); Entwurf des Bildes vom Fliegen in einer Halle und Betonen der Schmerz-Vermeidung als Anspielung auf Gauß' Ballonfahrt (vgl. S. 64–68), auf seine astronomischen Studien (vgl. Halle als Universum) und auf Gauß' Strategie, zwischenmenschliche Enttäuschung durch Konzentration auf seine Arbeit und durch seine Unnahbarkeit und Arroganz zu vermeiden (vgl. Verhältnis zu Minna, insbesondere zu Eugen); Thematisieren von nicht versteckten Geldes als Anspielung auf Vogts Suche nach dem Erbe der Großmutter (vgl. S. 252)
- Bestimmung der Funktion: a) Kohärenz-Wirkung, Konzentration des Leserbewusstseins → Bündeln von verschiedenen Handlungsmotiven zum Ende hin; b) Kommentierung des Figuren-Verhaltens durch eine höhere Stimme als Einbruch einer jenseitigen Realität in das Geschehen (gebrochener Realismus) → Psychologisierung des Geschehens, c) metanarrativer Eingriff der Erzählfigur → Betonen des fiktiven Charakters des Erzählten

Lesetipps

Zu den historischen Figuren Gauß und Humboldt sind die folgenden Biografien, mit jeweils etwa 350 Seiten, zu empfehlen:

- **Mania, Hubert:** Gauß. Eine Biographie. Reinbek bei Hamburg 2008.
- **Biermann, Werner:** »Der Traum meines ganzen Lebens«. Humboldts amerikanische Reise. Berlin 2008.

Wer sich über das Schreiben Daniel Kehlmanns und einzelne seiner Werke orientieren möchte, der liest am besten:

- **Arnold, Heinz Ludwig (Hg.):** Daniel Kehlmann. München 2008 (Text+Kritik Zeitschrift für Literatur, Heft 177, Januar 2008).

Speziell zum Roman liegt ein breit informierender Sammelband mit Stellungnahmen auch von Kehlmann selbst vor:

- **Gunther Nickel (Hg.):** Daniel Kehlmanns »Die Vermessung der Welt«. Materialien, Dokumente, Interpretationen. Reinbek bei Hamburg 2008.

Interviews mit Daniel Kehlmann und Kritiken zum Roman sind auch über die entsprechenden Links der Internetauftritte des Autors unter **www.kehlmann.com** und seines Verlages unter **www.rowohlt.de** sowie über die Seiten von **www.perlentaucher.de** zu erschließen.

Außerdem gibt es ein umfangreiches Unterrichtsmodell, in dem das große Feld der literarischen Bezüge detailliert abgesteckt wird:

- **Pütz, Wolfgang:** Daniel Kehlmann. Die Vermessung der Welt. München 2008 (Oldenbourg Verlag: Oldenbourg Interpretationen, Band 110).

Stichwortverzeichnis